班级**好**帮手
BANJI HAO BANGSHOU

轻松当好班干部

张强◎编

班级管理是一个相互协作、彼此互动的过程，也是一个动态发展、不断创新的过程。而班级管理的任务则是保持系统内部各要素之间的协调与平衡，从而最终达成班级的育人功能。

成都地图出版社

图书在版编目（CIP）数据

轻松当好班干部 / 张强编 . —成都：成都地图出版社，
2013. 4（2021. 4 重印）
（班级好帮手）
ISBN 978－7－80704－722－3

Ⅰ.①轻… Ⅱ.①张… Ⅲ.①中小学－学生干部－能
力培养 Ⅳ.①G635. 5

中国版本图书馆 CIP 数据核字（2013）第 076175 号

轻松当好班干部
QINGSONG DANGHAO BANGANBU

责任编辑： 陈　红
封面设计： 童婴文化

出版发行： 成都地图出版社
地　　址： 成都市龙泉驿区建设路 2 号
邮政编码： 610100
电　　话： 028－84884826（营销部）
传　　真： 028－84884820

印　　刷： 三河市人民印务有限公司
（如发现印装质量问题，影响阅读，请与印刷厂商联系调换）

开　　本： 710mm×1000mm　1/16
印　　张： 13　　　　　　**字　　数：** 170 千字
版　　次： 2013 年 4 月第 1 版　　**印　　次：** 2021 年 4 月第 8 次印刷
书　　号： ISBN 978－7－80704－722－3
定　　价： 38. 80 元

前　言

　　班干部是由全班同学选举产生的、担任一定领导或管理工作、带领全班同学共同进步、完成共同目标的学生。

　　班干部在班集体建设过程中具有十分重要的作用。一个纪律严明、健康团结、积极向上的优秀班集体，不仅需要有一位优秀的班主任，更需要有一支优秀的班干部队伍。

　　班干部的素质、思想，直接关系到班集体的建设。有什么样的班干部就有什么样的班集体。

　　班干部的作风，对全班同学具有示范带动作用。有什么样的班干部，就有什么样的班风。

　　正因为如此，班干部不仅要具备责任意识、服务意识、主人意识、合作意识、创新意识等，还要明确自己的职责，努力提高自己的工作能力、工作水平，积极、主动、圆满地完成自己应该完成的各项工作任务。

　　另外，班干部在工作中还要讲究工作艺术，一定的方式、方法、技巧无疑对工作的开展、效果的好坏有着非常重要的作用，好的方式方法会促进工作的进程，会收到好的效果，而失当的方法则会适得其反。

　　本书的内容包括：班干部的产生，班干部在班集体中的作用，班干部要具备的素质，班干部如何配合班主任工作，班干部如何领导本班同学，班干部如何建设班集体，班干部如何树立良好新风，班干部如何组织班会，班干部如何组织班级活动，班干部如何做好日常性工作，班干部如何讲究工作艺术，班干部做好自我评价，班干部要避免的误区。教你如何成为一个合格的班干部。

轻松当好班干部

目 录
Contents

班干部的产生

班干部的作用及意义 ············ 1

班干部的产生方式 ············ 2

班干部的选举规程 ············ 4

班干部在班集体中的作用

班干部是班内同学的"服务员"

··················· 10

班干部要成为班级管理工作的骨干

··················· 11

班干部的具体职责 ············ 13

班干部要具备的素质

班干部的政治素质 ············ 20

班干部的道德素质 ············ 21

班干部的心理素质 ············ 23

班干部的身体素质 ············ 24

班干部的能力素质 ············ 25

班干部如何配合班主任工作

处理好与班主任的关系 ········ 44

学会向班主任汇报工作 ········ 49

班干部如何领导本班同学

协调好班内同学关系 ·········· 60

正确激励班内同学 ············ 65

调动优秀生的积极性 ·········· 69

调动中等生的积极性 ·········· 72

调动后进生的积极性 ·········· 75

班干部如何建设班集体

班集体理念建设 ············ 86

班集体制度建设 ············ 88

班集体环境建设 ············ 90

创建"家庭式"班集体 ········ 92

班干部如何建设良好班风

正确认识良好班风 ·········· 96

建设良好班风的方法途径 ····· 98

班干部如何组织班会

班会的概念 ··············· 116

班会的组织技巧 ············ 130

班干部如何组织班级活动

班级活动的定义 …………… 134

班级活动的意义 …………… 135

班级活动的特点 …………… 137

班级活动的内容 …………… 138

班级活动的形式 …………… 139

班级活动的原则 …………… 140

组织各种班级活动 …………… 142

班干部如何做好日常性工作

例行性工作 …………… 154

经常性工作 …………… 159

班干部如何讲究工作艺术

班干部的领导艺术 …………… 169

班干部的管理艺术 …………… 173

班干部的激励艺术 …………… 177

班干部做好自我评价

班干部的自我评价 …………… 182

班干部的组织评价 …………… 184

正确对待评价 …………… 187

对待评价的错误做法 …………… 190

班干部要避免的误区

常见的十种角色误区 ……… 193

避免十种角色误区的方法 … 198

轻松当好班干部

班干部的产生

班干部的作用及意义

如果把一个班集体比作一列火车，那么班干部就是引导这列火车前进的火车头。

俗话说："火车跑得快，全靠车头带。"要把一个班集体建设成为一个坚强向上、团结友爱的班集体，光靠班主任一个人的力量是办不到的，必须要有得力的助手，这个助手就是一批团结在班主任周围的班干部。

班干部是在班主任的组织下，由全班同学选举产生的（新生入校时临时班委由班主任指定的情况除外）。班干部从同学中来，了解同学的所思、所想、所做，他们在调解纠纷、促进同学相互沟通方面发挥重要作用。在他们的带动下，整个班级具有凝聚力，团结一致地为实现班级目标而努力；在增强班级凝聚力的同时，班干部还在营造良好的班级学风，在班内形成"比、学、赶、帮、超"的良好学习氛围，杜绝逃课、抄袭、考试作弊等不良现象方面有着重要影响。另外，班干部还可以积极向老师及学校反映同学的意见与合理要求。班级是学校各项工作、活动的执行体，班干部应配合学校的工作，鼓励、组织同学积极参与。

总之，班干部是带动全班同学奔向共同奋斗目标的"火车头"。在班内

1

选举班干部，是学生进行自我教育、自我管理的良好形式，班干部能够团结全班同学共同进步，在贯彻执行学校和班主任意图方面发挥着桥梁和纽带作用。

班干部的产生方式

班干部的产生方式是多种多样的，归纳起来大致有以下几种：

班主任委任

由班主任直接指定班内几名学生担任班干部。这种方式比较常见，特别是在低年级，这种现象更为普遍。

这种方式，班主任的意图能得到充分体现，有利于确定班主任在班集体中的权威地位，有利于班集体活动计划的落实。但是这种方式不利于广开人才之路，易限制学生主人翁精神的发展；容易形成班干部与学生之间的情感隔阂；引导不当易导致班干部"全心全意为大家服务"思想的淡漠，不利于班干部的成长。

民主选举

班主任利用班会时间组织学生进行民主选举，首先让学生谈谈对这次选举的想法和愿望，再组织学生自由介绍他（她）所了解的某同学的优点，提供给大家作参考，最后由学生主持选举，完成写票、投票、唱票、监票等工作。选举结果揭晓后，当选的干部即兴发言。

自由竞争

这种方式是由班主任公布班干部候选人的资格、条件和竞选的具体要求与安排，然后由学生根据自身条件，对照要求拟定好讲演稿，内容是介绍自己的"施政设想"、打算以及个人兴趣爱好等；接着召开演讲大会，候选者登台演讲；最后候选人进行辩论，辩论得胜者当选。

自由竞争创设了自由平等竞争的气氛，能够充分调动学生"参政议政"的积极性，有助于克服班主任的主观主义和包办代替的现象，使各种人才脱颖而出，建议采用。

干部定期轮换制

这种方式是通过民主选举或自由竞争和民主选举相结合的方法，选出每一届班委会，然后定期（一个月或一个半月）改选班委会组成人员，原班委人员可有一人不动，带领新成员。在学习的几年中，全班学生都有机会在班上任职。

这种方式的优点在于每个学生在其任职期间都能把自己最大的力量贡献给集体。在工作中，学生们锻炼了自己，教育了自己，提高了自我管理和班级管理的水平，使得班集体在每一阶段的工作中，都显得生机勃勃。学生在进步，班集体也在进步。

轮流值日班长

这种方式是每位同学轮流"当家"，负责班集体一天的日常工作。"当家人"要向全体同学提出自己一天的管理目标；进行一日的总结，有表扬有批评，对好事或问题进行评议，对问题提出解决办法，对下一任"当家人"提出希望。

这种方式让每一位学生都有锻炼的机会，让学生们自己管理自己，加强了学生的自主意识，增长了才干，增强了对集体的使命感和责任感，从而加快了集体前进的步伐。

总之，干部产生的方式是多种多样的，由于学生的实际情况不同，年龄不同，班级的基础不同等因素，学校和班主任应采用灵活的方式方法来确定班干部组成人员。

当然，任何一个班集体的创建，只依靠少数几个班干部和大多数学生仅有的几次锻炼机会是不行的，在平时，班干部还必须充分调动广大同学的积极性和创造性。为此，班干部可以采用如下一些措施：第一，设立"民主箱"，欢迎人人为集体提意见；第二，班干部要广交朋友；第三，班干部可以根据工作需要从同学中聘请小参谋、小助手。

班干部的选举规程

班干部的选举工作，主要是指班内同学在班主任或前任班干部的主持下，民主选举班干部代表大会代表的工作。进行班干部选举，是体现班内民主集中制的一种重要形式，也反映了同学们的个人意志，是每个同学的神圣权利。班集体应该按照严格的选举规程，严肃、认真地组织好选举的全过程。

遵循原则

根据学校的有关规定，在班干部选举工作中，必须遵循以下原则：

1. 按期选举

由全体同学选举产生的班干部，每届任期一年或半年，具体情况视学校、班级的不同而不同。班干部任期届满应及时进行换届选举，一般情况下不得提前或推迟。如因特殊原因需要提前或延期进行换届选举，应报班主任批准。

2. 按同学们的意志进行选举

班内每一位同学都享有表决权、选举权和被选举权。选举要充分尊重和保障每一个同学享有的民主权利，充分体现选举人的意志。作为选举人，同学们有了解候选人情况，要求改变候选人，不选举某个候选人和另选他人的权利。学校和教师不得以任何方式强迫选举人选举或不选举任何人。

3. 按规定程序进行选举

选举必须按学校或班内有关规定的程序实施，选举前要充分做好准备，不得仓促进行。候选人名单要由同学们充分酝酿讨论，并根据多数同学的意见来确定，防止由少数人说了算。选举应按照规定的程序进行，不得随意删减。

4. 按选举纪律进行选举

所有班内同学必须遵守选举纪律。学生必须参加选举的全部活动，有特殊情况者除外。在选举中，绝不允许拉帮结派，不得私下"做工作"拉选票。绝不允许追查选票、虚报票数以及打击报复等做法。对于违犯选举纪律、破坏选举活动的人，必须按其情节轻重给予严肃的批评教育乃至班纪校纪处分，确保选举工作的正常进行。

准备工作

班干部选举是班级活动的一件大事。只有做好充分的准备，才能保证选举的高质量。

1. 选举教育必不可少

要组织同学们学习有关选举工作的规定和要求，讲明选举的意义和做法，讲明选举纪律和规程。教育同学们正确行使民主权利，积极参与选举活动。

2. 征求同学们的意见

班主任或前任班干部在选举前要向班内同学讲明本次选举的依据、准备情况和确切时间，为了公平公正起见，候选人名单也应当征求同学们的意见。

3. 确定候选人

候选人必须由班内同学充分酝酿讨论，其形式可以先由班主任或前任班委会研究提名，交同学们进行酝酿讨论；也可以先由每位同学提名，班主任或前任班委会集中各同学的意见，经过认真酝酿后提出。候选人名单不能由班主任或前任班委会擅自决定。在酝酿和确定班干部候选人时，应充分考虑工作需要、工作能力和政治思想表现，上届班委会成员不应成为当然的候选人，必要时可通过预选来确定候选人，候选人数应超过应选人数的20%以上。

4. 设计和制作选票

选票应为同一纸型，同一颜色，不得编号和作标记。候选人名单应按姓氏笔画为序排列；如果候选人是经过预选产生的，也可以按预选中得票多少为序排列。选票可以是空白纸，但必须将候选人名单写到黑板上或大纸上。有条件的可将候选人名单抄（印）到选票上，但应留出一定的空格，供选举人另选候选人之外的人员时填写。

5. 会场布置及票箱设置

选举会场布置要庄重，有条件的还可悬挂红布会标，在黑板上写明"××班班干部选举大会"大字，会场要设置规格适当的票箱，将票箱放在醒目的地方。

选举程序

班干部选举工作，应按规定的程序组织实施，以保证选举的规范性和有效性。其一般程序为：

1. 宣布开会

由选举主持人（一般由班主任担任）讲明参加选举的同学人数。说明本届班委会成员总人数，本班学生应到多少人，实到多少人。参加选举的同学人数超过本班学生总人数的4/5以上，即为达到规定人数，可宣布进行选举。否则，选举必须改期。

2. 宣布选举办法

由选举主持人介绍学校和本班关于选举问题的规定，说明本次选举采取的方式方法（是经过差额预选，然后再进行正式选举，还是直接进行差额选举），讲清注意的事项等。

3. 候选人介绍

可由主持人逐个介绍候选人的基本情况、思想政治表现和历年来受到的班内外的奖惩情况等，也可由候选人进行自我介绍。候选人应如实回答选举人所提出的有关问题，最后对候选人逐个表决通过。

4. 确定监票人、计票人

通常推选监票人和计票人各1至2名（候选人不能担任）。可以在选举会上直接提名通过，也可以先由选举主持人提名，再由参加选举同学举手表决通过。监票人的职责是受选举人的委托，对发票、投票和计票进行全程监督，并向大会宣布选举结果。计票人的职责是在监票人的监督下进行分发和计算选票的工作。

5. 填写选票

计票人在监票人的监督下，准确地核对选举人数和选票数，使票数与人数相符，然后分发选票。选举人在填写选票时不得签署自己的姓名，只填写自己同意的候选人的名字，或是在选票的候选人名字上画出同意或不同意的符号，也可以在选票上写上候选人之外的自己想选的人的姓名及相应的符号。每张选票上所选的人数只能等于或少于应选人数。如果所选人数多于应选人数，该选票即为废票。

6. 进行投票

在全部选举人都填写完选票后，由监票人在计票人的协助下当众检查投票箱并进行封闭，而后开始投票。先由监票人和计票人投票，而后在监票人的监督下，由选举人逐个依次进行投票。

7. 计算票数

投票完毕，计票人在监票人的监督下，当众启封投票箱，先清点核对票数，所收回的票数等于或少于实发选票数，即为选举有效；如多于实发选票数，则选举无效。检查清理选票，如选票所选人数多于应选人数即为废票，应予清出。对有效选票进行计算，赞成数超过实到有选举权人数的一半，即为当选。如超过半数以上人数大于应选人数时，则应从最高得票算起，取够应选人数为止。计票结果应向监票人报告。

8. 公布结果

由监票人当众宣布本次选举共发出、收回、有效、作废各类选票的数量，宣布本次选举是否有效。公布各候选人所得票数以及候选人名单以外各个人的得票数。说明最高票数、最低票数，超过半数以上票数的具体情况。由大会主持人根据得票情况，宣布当选人名单。

后续工作

选举大会之后，要紧接着做好有关后续工作，以保持班委会工作的连续性。

1. 进行新一届班委会的工作分工

选举结束之后，新选出的班委会要立即召开第一次会议，选举或协商确定班委会各成员的工作分工。

2. 将选举和分工结果呈报班主任和学校

选举结束后，班委会要尽快将选举结果，新选出的班委会的分工情况，及时呈报班主任和学校，以便今后工作的开展。

3. 做好落选同学的思想工作

由于实行的是差额选举，选举中必然会有落选的情况。班主任或新任班干部要及时做好落选人员的思想工作，帮他们多从自身找原因，正确看待选举，正确认识自己的不足，及时解开思想疙瘩，引导他们继续努力，再接再厉。

4. 组织班委会学习有关班干部工作知识

班主任或班长要组织新当选的班委会"一班人"学习关于本班的建设的班规班纪，学习各班委的工作职责和有关办事程序，提高班委会成员的责任心和处理问题能力，树立班委会成员良好的整体形象和集体威信。要调动每个班委成员的积极性和负责精神，使新班子顺利地跨出第一步，使全班成员从新班子身上看到本班前进发展的光明和希望。

班干部在班集体中的作用

班干部是班内同学的"服务员"

身为班干部，要对班干部这个职位保持清醒的认识，要明白班干部与其他种类干部不同，它不是一种职业，而是一种学习岗位；班干部在上岗前未经过专业训练，而是在实践中边学边干，在实践中增长才干；班干部以完成学业为主要任务，兼任一部分班内工作；班干部的劳动是义务性质的劳动，没有任何报酬；他们的角色定位为班内学生的"服务员"。这种定位就要求班干部必须牢记以下四点：

1. 班干部首先要保证自己是优秀的

这是建立威信的第一步。凡是要求同学遵守的各种规定你要率先遵守，诸如学习要优秀、要遵守纪律、要诚实认真等等，只有在班内众多的同学中脱颖而出，你才有资格当班干部，这也是最基本的要求。

2. 班干部要力求上进

身为班干部应时刻告诫自己"你是领导者"，"你不应流于一般"，这意味着提高标准。当你明确了你的追求，就该无怨无悔地对自身"高标准，严要求"。这样你才会真正进步，充分得到磨炼，上进心是你进步的动力。

3. 班干部要谦虚，戒骄戒躁

尽管你成为佼佼者，可能有着过人之处，但是并不说明你事事可以应付自如，因为你经历的事还很少，即使有经历也未必成为经验。你不可能把微不足道的一点体会当作资本，这也是不现实的。所以，要谦虚，戒骄戒躁，要学习，再学习，实践，再实践。学习和实践的不断积累，才会使你变得越来越优秀。

4. 班干部要有扎根集体为集体服务的意识

班干部做得最不成功的莫过于游离于集体之外。有人认为好歹这是个"官儿"，于是打官腔、摆官架、显官形、带官样。这种沾染世俗迂腐的风气在校园是不相宜的，因为班内管理是学生自己管理自己，是一个相互促进的过程，应注重群众性，强化参与意识，提高整体素质，增强青春活力，提倡集体主义，而不是自由主义和个人英雄主义。

班干部要成为班级管理工作的骨干

骨干，是指在团体中起主要作用的人。班干部是班级组织中积极进取、学习表现比较优秀、活动能力较强的一部分学生。他们的骨干作用体现在以下四个方面：

1. 组织领导作用

班干部是班级学生组织各项工作的领导者和组织者。他们在班主任的领导下，以身体好、学习好、工作好为目标，以学习为中心，以提高学生综合素质为重点，根据学校有关工作要求和本班学生特点制订工作计划，生动活泼地开展思想性、教育性、知识性较强的活动，带领学生"争先创优"，全面提高其思想政治素质、智能素质、专业文化素质、身体素质和心理素质。

我们原来有一个错误的认识，认为班干部是班主任的助手，实际上是颠倒的，班主任应该成为班干部的助手，这样才能充分体现学生的自主性，同时给班干部提供足够发挥自己才华的空间。

2. 榜样示范作用

班干部是通过同学、老师推荐或自荐竞选产生的。班干部虽然担任一定的职务，但是他们毕竟是学生，他们的威信不是通过职务和权利树立的，而是通过自己的模范带头作用和良好的形象建立的。班干部要很好地履行自己的职责，必须严格要求自己，在学习工作生活中时时处处率先垂范，要求其他同学做的，必须自己首先做到；要求其他同学不要做的，自己坚决不做。这样，才会得到同学们的拥护和支持。班干部的榜样示范作用在学生中具有很大的影响。班干部率先垂范，能把广大同学团结起来，形成一个团结、健康、奋发向上的群体，有计划、有目的地完成各项教育教学任务，有利于学生的德智体全面发展，有利于良好的学风、班风、校风的建设。但是，如果班干部不能以身作则，将产生极坏的影响，甚至把同学们引向"邪路"。

3. "三自一助"作用

"三自一助"，是指班级学生组织开展自我教育、自我管理和自我服务活动，在学校教育管理中充分发挥助手作用。班干部是学生，与其他学生朝夕相处，最了解学生们真实的思想和表现、具体的疾苦和困难、迫切的要求和心愿，教师的教育工作要取得较好的绩效，往往离不开班干部的帮助和支持。因为教师无论怎样与学生打成一片，都难以全面、彻底地了解学生的实际情况，教师要更有针对性地做好学生工作，为学生及时地排忧解难，充分满足学生的合理要求和心愿，必然需要班干部提供学生们的真实情况，从而对学生中存在的问题能够及时发现、及时处理，有利于问题的迅速控制和解决。

4. 桥梁纽带作用

班干部的桥梁纽带作用是指班干部通过一定的途径，把学校的有关政策、要求和信息及班主任的指示和要求传递给同学们。同时，又将同学们的问题、意见和建议向学校和班主任反馈。班干部是学校、班主任及各位老师与学生之间的桥梁和纽带，起着上情下达和下情上传的作用。班干部经常与学校有关部门的领导和老师接触，比较了解学校的各项工作部署及其他信息，发挥着沟通学校领导及校内各职能部门与同学们之间的信息，及时向同学们传递上级领导和学校的意图，并组织同学们贯彻执行的作用。同时，他们又将班内学生的思想、学习、生活状况和意见、要求、建议，及时向学校有关领导及其职能部门反映，为学校领导和老师的正确决策和改进学校教育管理工作提供有效信息。

以上四方面表明，班干部是学校教育管理系统中的重要角色，其重要作用决定了他们在学校教育管理系统中的骨干地位。

班干部的具体职责

协助班主任日常管理

实现对班级的日常管理，必须建立一支负责的、有效的班干部管理队伍，逐步实现学生的自我管理。除了采用班干部民主差额选举，定期目标轮换的方法外，还应以班规、班训作为这个管理的工作目标和原则，以"班集体的利益为先，个人利益服从班集体利益"作为自己工作的动力，鼓励他们独立自主地大胆工作，发挥学生参与、从事班集体管理的潜在积极性。班主任则只为班集体的日常管理起导向和调节作用。这样，班主任就可以从复杂的事务中解脱出来，省出更多的时间和精力研究落实日常行为规范的途径和方法。

落实班规班纪

良好的制度、纪律既是形成良好班集体的根本保证，也是衡量一个优秀班集体的主要标志之一。班级制度和纪律要以学生守则与教育目标为指导，以班级特点和学生情况为依据。在形式上，既要有具体的条文规定，也要有一般的方向性指导。班干部要时刻对制度纪律的执行与遵守情况密切关注，认真贯彻落实，同时要引导学生进行自我监督和相互督促，公正无私，奖惩分明。只有这样才能保证制度落实，是非清楚，但应当慎重考虑赏罚的方式。

组织班级活动

班集体的各个成员除了完成各自的学习任务外，还应当积极投身到集体的各项活动中去。一般来说，班干部应当直接参加学生的游戏活动，带领学生编辑墙报等。班干部应当根据本班同学的活动能力，给予不同程度的指导，要抱着认真负责的态度，目的明确地对待这些活动，以培养学生的责任感。对班级之间进行的比赛，班干部要给予热情的关注，并且要始终和学生在一起，同忧共喜，为集体的荣誉作出努力，以便真正地形成学生对集体的荣誉感。

关心班内同学

班级中每个学生都有自己不同的发展经历和特点，学习、心理、思想各方面的差异有时是显著的。忽视这种差异就不能使集体保持生机勃勃的统一性。因此，班干部必须深入了解不同学生在不同方面的一般情况，从而建立学生的信息档案库，以便有效而顺利地进行常规管理。这种信息档案库大致包括：学生的家庭情况、主要经历，学生的生活习性、一定的个性特点及思想状况，历年的学习成绩及学习特点，身体发育和健康状况，获奖经历，特殊经历，等等。

做好班内同学评价工作

班干部要切实做好班内学生的评价工作。学生评价工作是班干部常规管理中的一项重要内容，评价工作是一项严密而又严肃的工作，班干部应当在拥有大量材料的基础上，全面而又客观地作出公正的评价。评价一般包括日常评价和期终评价、毕业评价几大类。评价既总结过去，又指导未来。

班干部的具体分工

由班干部组成的班委会是班内日常管理的组织，在辅导员、班主任老师的帮助和指导下开展工作。班委会一般设班长、纪律委员、学习委员、文艺委员、生活委员（劳动委员）、体育委员和心理委员7人。日常管理中，班干部各司其职，其基本职责分述如下：

1. 班长的职责——班中"顶梁柱"

（1）及时把握班级的学习、纪律、卫生、生活等各方面的情况，准确把握班级学生的思想动态，对于班级中出现的不良倾向，敢于大胆地展开工作，能真正成为良好班风、学风的带头人。

（2）每周定期向班主任老师汇报班内的情况，做好班级工作记录。多提合理建议，并协助班主任检查各项工作落实情况。

（3）每两周负责召开一次班委会，总结工作中的成绩和不足，大胆地开展批评和自我批评，并提出今后改进工作的具体意见。

（4）办事公正，不徇私情，密切联系同学，加强与同学的团结，虚心接受同学们的批评和监督，积极开展批评与自我批评。

（5）带领全班积极参加学校组织的活动，带头遵守学校的一切规章制度和学生守则。

（6）加强班委会一班人的团结，督促和帮助班委会其他干部把所分管的工作干好。

2. 纪律委员职责——班中"小包公"

（1）协助班主任、班长抓好班级的全面工作。做好班级学生纪律方面的量化管理工作，并每天及时向班长汇报班级纪律情况。

（2）具体负责班级的纪律工作。成立班级纪律小组，建立班干部轮流值日制度，做好干部的纪律轮流值日安排，写好班级的纪律记录，协助值周班干总结班级情况，解决班级中存在的问题，做好班级纪律量化统计工作并汇报到值周班干处。

（3）负责全班同学的考勤，严格执行考勤制度，敢于负责，不徇私情，做好考勤记录。每周汇总一次，向全班公布后于每周日晚将出勤簿上报教导处。

（4）为人公正、公平，敢于同班级中的不良倾向和坏人坏事做斗争，工作中能既坚持原则又要注意方法，能够团结全班同学共同创造一个良好的学习环境。

3. 学习委员职责——班中"学习带头人"

（1）树立全心全意为同学服务的思想，严格要求自己，工作上要尽职尽责，学习上要刻苦勤奋，能成为班级良好学风的带头人。

（2）负责全班的学习工作，组织好学生的民意调查工作。

（3）经常与任课老师联系，注意了解和反映学生对教学方面的意见和要求。

（4）全面掌握本班学生的学习动态，协助班主任老师做好学习常规的制定和贯彻工作。组织学生按时、按质、按量完成作业，督促值日生做好学生作业的收发工作，并完成作业情况统计工作。

（5）组织成立学习小组，负责检查班级学习方面的工作，并把检查结果和学习情况及时向班主任、科任老师汇报。

（6）组织班级课外辅导小组、知识竞赛等活动。

4. 劳动委员职责——班中"小蜜蜂"

（1）负责学校劳动、社会劳动的组织、指挥和检查评比工作，明确学校卫生打扫的标准和检查办法，做好劳动督促工作。

（2）每天早晨检查好班级环境卫生和教室卫生，对存在的问题及时责令值日生整改，保质、保量地完成卫生日清扫工作。每到大扫除，做好卫生工作的布置、督促、检查、验收和出勤统计工作。

（3）做好班级卫生的量化管理工作，并及时将每天的卫生检查情况和卫生量化成绩向值周班干汇报。

5. 生活委员职责——生活"大管家"

（1）树立勤勤恳恳地为同学服务的意识，做好班内生活管理工作，要注意严格要求自己，以身作则，事事起模范带头作用。

（2）负责平时用餐情况的监督工作，发现有乱倒剩饭菜等情况要加以制止。

（3）负责宿舍的量化管理工作，发现宿舍内部及走廊未清扫干净要加以提醒、督促、检查各宿舍的生活情况，对于宿舍中出现的问题能及时发现、整改，并向班主任汇报。

6. 文艺委员职责——班中"明星伯乐"

（1）在班主任老师指导下，积极配合班长，带领同学们参加学校统一组织的各项文艺活动，提高同学们的艺术修养。

（2）在学校艺术节、运动会等活动中，善于调动全班同学的积极性和创造性。

（3）积极活跃班级气氛，不定期组织同学学唱或演唱歌曲、欣赏音乐，以丰富和活跃校园文艺生活，陶冶高尚情操，开阔艺术视野，提高鉴赏水平。

（4）及时发现班内的文艺人才，向学校推荐。

7. 体育委员职责——班中"健身顾问"

（1）在班主任、体育老师的指导下，全面负责班里各项体育活动和比赛，活跃同学们的业余生活，增强体质，为将来的学习和工作奠定坚实的基础。

（2）协助体育教师上好体育课，课前、课后整队，组织同学搬运器材，并做好体育课的考勤工作。

（3）负责召集、带领同学们参加早操、课间操、眼保健操。

（4）在各项各类体育竞赛中，组织同学们踊跃报名，并组织选拔运动员，安排好比赛期间的服务，保证运动员在比赛中高水平发挥，争创最好成绩。赛后组织讲评、总结经验、找出不足，使今后举办的各类体育活动更受同学们欢迎。

（5）积极协助体育教师和校运动队教练发现和推荐班级的体育人才。

（6）根据本班具体情况及同学们的要求可组织小型班内体育比赛，或与其他班级体育委员协商，在征得班主任和学校同意的情况下，组织班级之间的友谊赛。

（7）负责班级参加学校活动，如集会、外出参观等的整队、带队和维持秩序等工作。

8. 心理委员职责——班中"心理医师"

（1）注重自身的心理健康，保持积极乐观的心态。

（2）以满腔的热情、真诚的态度对待每一位同学。

（3）自觉学习心理知识，掌握心理方法，提高心理教育能力。

（4）关注同学的心理健康，协助班主任和心理教师开展心理活动。

（5）宣传与普及心理健康知识，提供提高心理素质的途径和方法。

（6）协助心理教师做好学生心理健康状况的调查，建立学生心理档案。

（7）维护本班学生的心理健康，及时发现不良情况，并反映给班主任或心理教师。

（8）注意工作方法，与同学保持良好的关系。

（9）工作中严格保守秘密。

（10）完成本职负责的其他事务性工作。

9. 科代表的职责——班中"单项精英"

（1）配合任课教师工作，保证各项教学活动的顺利进行。

（2）成为老师的小助手，帮助老师维持纪律、收发作业本、搬送教具。

（3）想方设法使同学们对该门课程感兴趣，并热情、主动、积极地帮助同学做好该门课程的预习、疑难解答和作业。

（4）当好"桥梁"，把同学的困惑、建议或意见及时反馈给任课老师，把老师的想法、意图转达给同学，努力拉近师生的距离。

（5）帮助该门课程学习困难的同学。

（6）结合该门课程的内容，利用课余时间开展科学探究活动。

（7）带头学习好本门课程。

10. 小组长的职责——班中"一方领导"

（1）督促全组同学遵守学校各项规章制度。

（2）督促全组同学认真学习，积极参加班里的各项活动。

（3）按时收缴本组学生的作业本，并将未交作业的情况告知科代表。

（4）及时向班长或班主任汇报本组同学的学习、生活、思想等情况。

（5）在小组内积极开展丰富多彩的活动。

（6）维护本组同学利益，关心、爱护本组同学，与本组同学融洽相处。

（7）以身作则，带头遵守纪律，维护班集体荣誉。

班干部要具备的素质

班干部的政治素质

政治素质是指生活在社会中的每个人进行社会活动所必需的内在的基本条件和基本品质。这也是班干部的根本素质，因为它决定着班干部工作的大方向，班干部一定要立场坚定、是非分明。政治素质主要包括：世界观、人生观、价值观等。

树立马克思主义科学世界观

世界观是指人们对整个世界总的、最根本的观点和看法，是人们认识、改造世界，观察、处理问题的前提和依据。中小学阶段正处在人生观的探索、选择和定向阶段。因此，班干部在学校期间用何种理论作为自己的指导思想，对于人生观的形成起着重大的作用。只有掌握了科学的世界观，才能在探索、选择和定向过程中不迷失方向。马克思主义的辩证唯物主义和历史唯物主义为人们提供了科学的世界观，班干部必须树立马克思主义科学世界观，马克思主义是对自然界和社会发展规律的最科学的概括和总结，班干部只有掌握和运用马克思主义世界观，才能认清社会发展的客观规律，自觉顺应历史潮流，学会从正反两方面看问题，用联系的、发展的、全面的眼光看问题、做事情。正确处理好诸如工作与学习、个人与集体之间的关系，带领同学们积极进取、全面发展。

树立"我为人人，人人为我"的人生观

人生观是人们对人生目的、意义的根本态度和看法。人生观是世界观的一部分。中小学期间，学生们对新事物特别敏感，对新的理论观点容易接受，很可能同时受到几种人生观的影响。例如，有的同学受享乐主义人生观影响，追求高消费，吃、穿、用都必须是名牌，都必须上档次，够品味；受拜金主义人生观影响，迷恋"金钱第一"，成才意识淡化，糊涂地认为"学好数理化，不如有个好爸爸"，只要家中有钱，就可以买到一切东西；受实用主义人生观影响，追求"分不在高，及格就行；学不在深，作弊则灵"；还有不少中小学生以自我为中心，认为我就是"小皇帝""小太阳"，大家应该为我服务。这都是错误的人生观。班干部应树立正确的人生观，把"我为人人，人人为我"作为人生观的基本原则，把奉献、创造和奋斗立为终生追求的目标，树立全心全意为同学服务的思想，确立无私奉献的精神，并以自己的模范行为推动工作开展，还要学好科学文化知识，率先垂范，带领同学努力学习，全面发展。

树立马克思主义人生价值观

人生价值观，就是人们在认识、评价人生活动所具有的价值属性对所持有的根本观点和看法。正确的人生价值标准，应当看一个人在其人生目的、人生理想指导下的行为活动的意义和行为活动的结果，班干部必须树立马克思主义人生价值观，把全心全意为人民服务作为评价人生价值的基本标准，努力在工作学习中实现自己的价值。

班干部的道德素质

道德是体现一定社会或阶级的原则和规范，并具有稳定性和一贯性倾

向的个人道德意识和道德行为总体的根本属性。道德素质是一个综合的范畴，道德素质主要包括社会公德、职业道德和家庭道德。

社会公德

社会公德是反映社会共同利益的社会公共生活准则，是人类社会公共生活中形成的最基本的道德规范体系。社会生活中所涉及的公共利益、公共秩序等方面的行为准则，都属于社会公德的范畴。社会公德素质大体包括三个方面内容：日常生活中处理人与人关系的素质；公共场所处理人与人关系的素质；保护环境资源方面的素质。班干部必须做到与同学、与亲友、与他人之间相互尊重，协作互助，助人为乐，维护公共秩序、公共设施、公共卫生和公共安全，保护环境，保护野生动植物，遵纪守法，敢于同歪风邪气作斗争。

职业道德

职业道德是从事一定职业的人应遵循的与其职业活动相适应的行为规范。各行各业都有相应的职业道德规范，职业道德规定从事一定职业的人们应当具备的思想、态度、作风和行为，以待人接物，处理问题，完成工作，为社会尽职尽责。班干部虽然不是一种职业，但是一种岗位、职位，因此也必须树立热爱本职岗位，尽到班干部职责，诚实守信，办事公道，服务同学，奉献社会。

家庭道德

家庭道德是调整家庭成员之间关系的原则和规范。对于班干部来说，家庭关系中，主要是与父母之间的关系和与兄弟姐妹间的关系。我国历来拥有重视家庭伦理道德的优良传统，其中，尊老爱幼、孝敬父母占有重要的地位。不仅要孝敬自己的父母，而且还要尊敬其他老者。良好的家庭美德是每个学生的必备素质，也是对每个班干部的基本要求。

班干部的心理素质

心理素质是指人的心理发展水平以及心理对社会生活适应能力的综合品质。心理素质健全的主要标志是心理健康。心理健康与身体健康具有密切关系。世界卫生组织对健康的定义为："健康，不但是没有身体缺陷和疾病，还要有完整的生理、心理状态和社会适应能力。"健全的心理素质是一个人健康的身体素质、道德素质、能力素质的基础。没有良好的心理素质，就不可能具备较好的道德素质与能力素质。班干部必须具备良好的心理素质。健康的心理主要包括以下几个方面：

具备正常的认识能力

认识是指人对事物认识与理解的心路历程，包括知觉、记忆、思维、想象、学习等心理现象。班干部应具有正常的认识能力，即要求具备敏锐的感知能力、较强的记忆力、良好的思维力、丰富的想象力、清晰的表达能力和较强的理解能力，这些能力表现在班干部的学习和工作中，通常具有较好的方法和效果。

具备健康的情绪

情绪是人对客观事物的态度体验，是人的心理活动的核心。良好的情绪利于人的躯体保持健康，而不良情绪则使人心理活动失衡。健康的情绪主要指：首先，积极情绪占优势，班干部应保持乐观的情绪，这样，既可使人充满活力，也可以消除学习、工作带来的疲劳和不适应；其次，要合理调节情绪；班干部凡遇到工作不顺心时会情绪低落，焦虑万分，如果不进行合理调节，就会对工作效率造成影响；第三，情绪要保持稳定，在一定时期没有特殊刺激的情况下，班干部的情绪应相对稳定，如果无缘无故情绪波动，喜怒无常，显然是情绪不健康的表现。

具备坚强的意志

意志是推动人们采取各种行动，克服困难，达到预定目标的心理过程。意志坚强者具有较强的自觉性、果断性、顽强性和自制力，能够在实现目标的过程中机智灵活地克服困难和坦然地面对挫折；而意志薄弱者缺乏主动性，优柔寡断，害怕困难和挫折。对于班干部而言，必须具备坚强的意志，在学习、工作和生活中能主动制定目标，才能百折不挠地克服困难，取得成功。

具备良好的交际能力

班干部要能够正确地认识自己与老师、同学之间的关系，不以自我为中心，不自私自利，心中有他人，能和周围的人和谐相处，并能采取积极主动的态度与他人交往，与人为善；有一定的独立性、自主性，不依赖别人，不屈从别人，不嫉妒别人，不固执己见。如果班干部对人际关系适应不良将会影响工作、学习和生活，影响心理健康，甚至导致各种各样的心理障碍，从而影响甚至阻碍才能的发挥和社会价值的体现。

此外，班干部的心理素质还包括健康的个性、健全的人格以及较强的心理承受能力等。只有将上述各方面因素有机地结合起来，才能构成健全、健康的心理。无论哪一方面的因素丧失，都会危及心理健康，导致心理障碍。

班干部的身体素质

身体素质包括人的体质、体力、精力等方面，主要表现为力量素质、速度素质、灵敏性素质、耐力素质和柔韧性素质。身体健康是人生存和发展的物质基础。目前，中小学生身体素质水平不高已成为制约中小学生健康成长、成才的重要因素。有关部门曾对30多所国内中小学的10万多名新生进行体质测试，抽样调查的结果表明，有50%的新生身体素质水平偏低。身体是工作的"资本"，班干部必须具有健康的体质、充沛的精力、坚强的意志，不怕疲劳，能连续作战。做不到这一点，即使政治素质和心理素质再好，也难以充分发挥作用。因此，班干部必须注意了解卫生保健知识，了解体育锻炼的基本知识，掌握科学的健身方法和用脑方法，养成良好的锻炼习惯和健康的生活方式，以培养健康的身体素质。

现代医学研究和临床证明，长期坚持体育锻炼，人体的心血管系统、呼吸系统、消化系统、免疫系统功能会得到明显改善。体育健身的方法很多，由于不同年龄阶段人的体质特征不同，因此所采用的健身方法也有所不同。

中小学生身体处在生长发育时期，心血管系统的重要器官——心脏还没有发育成熟，因此在体育锻炼中应对大强度、激烈的运动加以控制，时间不要过长，应选择具有灵活性、协调性及速度方面的运动项目，如跑步、游泳和篮球、乒乓球、足球、排球等球类运动。由于中小学生的骨骼与肌肉还处在生长发育中，肌纤维横径还不够粗，力量素质相对较弱，在进行器械力量锻炼时，要注意掌握好适宜的负荷，应以中、小负荷为主。

班干部的能力素质

学会自我控制

自我控制也就是自我克制，是一个人善于控制自己的情绪，对自己的言行加以约束，利用自己的理智，排除内外不良情绪的影响和干扰，利用生活上的自我免疫力修复自我的力量，恢复自信。

著名的物理学家居里夫人还是少女时，曾在一个乡绅家里当家庭教师。就在这期间，这个富有人家的大儿子卡西密尔与她相恋了。当时她只有19岁，不懂得世俗观念的束缚，天真地认为只要两人相爱就可以结合在一起，相伴终生，于是两人计划结婚。此事招致了卡西密尔家的强烈反对。因为尽管乡绅一家认为居里夫人天资聪颖，品行端正，是一个好姑娘，但由于她家很穷，没有社会地位，他们的婚姻门不当户不对，因而坚决不同意这桩婚事。在父母的强烈反对下，卡西密尔屈服了。居里夫人从来都没有像当时那样感受到内心的煎熬，她甚至冒出过"向尘世告别"的念头。但她最终没有向失恋的痛苦低头，而是凭借坚强的意志，控制住了自己的情绪，抑制住失望和痛苦，并在此后不久，走上了赴巴黎求学之路。如果没有坚强的克制力，恐怕一代大科学家就不复存在了。是克制使居里夫人找回了自信，找回了重新生活的念头。那么，怎样才能学会自我控制呢？

1. 要勇于同自我作战

罗曼·罗兰在《约翰·克利斯朵夫》中说："人生是一场无尽无休，而且是无情的战斗，凡是要做个够得上称为人的人，都得时时刻刻向无形的敌人作战。本能中那些致人死命的力量，乱人心意的欲望，暧昧的念头，使你堕落、使你自行毁灭的念头，都是这一类的顽敌。"这番话已经明确表达了最大的敌人不是来自困难、挫折、不幸，而是你自己。你要用自我的力量去战胜自我的欲望。战争总是痛苦的，因为战争总是有伤亡、损失。与自我作斗争也是如此，也需要同你的欲望展开殊死搏斗。只要你的克制力向后退一步，欲望就会向前进一大步，不良情绪亦是如此。人本身就是一个七情六欲的综合体，人生中痛苦、悲伤、气愤等在所难免，你无法抗拒这些情绪、欲望对你的影响，而你又得时时刻刻与它们作斗争。控制住自己的不良情绪，遏制住不良念头对你的侵蚀，你就找回了属于你的自信。因为你本来就有自信，只不过被突如其来的打击笼罩住了。你所要做的就是用自制力去恢复自信，用自制来展现你自信的魅力，让自信在你身上重现光彩。

2. 培养坚强的自制力

自制虽然强调要用坚强的意志力去对待自己内心的懦弱、悲伤和恐惧，去和它们作斗争，但自制的背后是有着美好的理想和坚实的信念支撑着的。自制的人理解人生的价值和意义，知道自己的人生目标在哪里，坚信自己的未来不是梦。因而自制的人常常借信念的强大支持，在自信的推动下，实现自我控制。他们清楚，尽管一时的放任自流会带来心理上的某种快慰，但向消极情绪低头的代价是巨大的，他们损失的将是宝贵的信念；一旦有了理想和信念的支持，自制力所能达到的程度是无法想象的。

作为一名班干部，如果你意识到了自己的许多不良习惯，如脾气急躁、"输不起"，甚至于抽烟、酗酒，沉迷于看电视、玩游戏，你就应该下定决心去改。但因为习惯一旦形成就有很强的惯性，因而一时根除几乎是不可能的。这时就需要你的毅力与决心，与这些不良习惯作斗争，这是培养你的自制力的绝佳时刻。一有反复你就要时时提醒自己，这也是心理暗示的一种方法。

其实，自制力并不难获得，关键是你用什么样的态度去对待这个问题，你用什么样的方法来训练自己的自制力。作为班干部，只要你从生活中的一点一滴做起，就能够克服自己的弱点和缺点。苏联伟大的文学家高尔基说过："哪怕是对自己小小的克制，也会使人变得更加坚强。"自制力诞生于人们的每一次努力之中，自信也因此变得更强大。

拥有充足自信

世界政坛上有一位十分出色的女性政治家，她就是英国前首相撒切尔夫人，人们都称她为"铁娘子"。撒切尔夫人并不是出身于名门世家，丈夫也只是普通人而已。在传统势力占主导地位的英国，这样的人在政治上很难有所作为，更不用说一个女性了。但撒切尔夫人没有顾虑这些，她凭借自己的信心、才华和顽强的毅力考上了世界著名的牛津大学，并在不满24岁时就战胜了21位男性竞争者，成为保守党候选人。长期的政治生涯磨炼出撒切尔夫人无比的自信和顽强的毅力。1974年，在保守党内部展开了一场围绕领袖地位的竞争。当时，保守党领袖希思在党内有着根深蒂固的势力，曾经有人向他发起过挑战，但最后都失败了。但是，撒切尔夫人却带着她的自信，走进希思的办公室，对他说："阁下，我来向你挑战。"简单有力的话语震惊了希思和他的同僚。之后，撒切尔夫人开始了积极的竞选工作，终于以绝对优势取得了胜利，成为英国历史上第一位女党魁。

自信给撒切尔夫人带来了成功。自信是所有班干部的秘密武器，也是引导他们迈向成功的阶梯。那么，怎样才能获得自信呢？

1. 相信自己独一无二

遗传学家阿蒙·辛费特曾经说过："在世界的全部历史上，从来没有别人和你完全一样，在那无限遥远的将来也绝不会再有你。"每一个人都是一个特殊的个体。自从诞生的那天起，你就是天地间一个精灵，面对一切现实的、理性的目的，无论它多么遥远，你都能达到，因为你体内有了达到目标的一切潜能和力量，没有人能和你一样。你就是你，你就是天生的胜利者。无论外界的挫折、痛苦和磨难有多少，你内心世界的彷徨、犹豫和恐惧多么强大，你都会战胜它们。

作为一名班干部，就应该有这样的自信，坦然面对一时的挫折，这一次考试没有考好，这一次班会没组织好，还有下一次。如果你有这样的信心，你已经是一个成功者了。

2. 拥有端正的品行

心理学家克莱恩博士在他所著的《应用心理学》中表示，"行动引导情绪""你若每天行事得当，就会感受到有相应的情绪出现"。"白天不做亏心事，半夜不怕鬼敲门。"一句通俗的谚语也同样道出了世间深刻的道理。一个人做事时，一定要坦坦荡荡，按照公认的标准、约束和习俗来行事。既要对得起他人，也要对得起自己的良知。一句话，品行要端正。

的确，现实的行动常常会左右我们的情绪。比如，你在全校运动会上拿了第一名，你就会十分高兴。如果你内心整天都在为明天不能挣到100万元而苦恼，那你每天的心情肯定都是郁闷的。因此，你完全可以利用自己的实际行动来调控自己的情绪。比如，不要做一些让你内心产生负疚感的事。作为一名班干部，如果利用职权谋取了私利，就会使你的良知饱受折磨，这种负疚感会趁机吞噬掉你的自信心。而且，即使一时侥幸未被他人发现，最终仍会"东窗事发"，完全毁掉你在他人心目中的形象，使你浑身上下都是负面评价，摧毁你来之不易的自信心。总之，品行端正会令你充满信心。

3. 做事要量力而行

如果你只是一个十五六岁的少年，你就不要奢望自己能推动一辆小轿车；如果你的英语成绩一直都很差，每次考试只能考 40 多分，就别指望下一次考试你能拿 100 分。尽管你做了很大努力，但力所能及是我们行事的一个重要标准。你只有知道你自己能干什么，能干成什么，才可以去选择你所想要达到的目标，这样你才会因为自己的成功而信心倍增，自信的力量才能得到进一步加强。"蚍蜉撼大树，可笑不自量"的悲剧同样可以使你丧失自信。作为班干部，就更应该避免这样的悲剧，为自己寻找自己能做的事，然后去做。自信就是这样一步步建立起来的。

4. 学会正视别人

眼睛是心灵的窗户，在我们获得的信息当中，80% 是通过眼睛获得的。眼睛也是传达信息的器官，利用眼神来表达自己的自信是一个重要的途径。而正视他人则是其中一个重要方面。当你在和别人讲话时，你的目光放在哪儿？是对面的墙上还是对方的脚？如果是后者，你在别人的心目中常常会留下自卑者的印象，好像你做了什么见不得人的事，不敢与他人对视。这实在是一个细微却不应该的举动。

作为班干部，要经常在同学面前发言，说话时正视他人，就表示你内心里并没有什么不轨的想法，你是诚实正直的，你所说的一切话语都是你内心真实的流露，都是真的。这样会令他人觉得他有充分理由相信你的话，你也会在不经意间赢得他人的尊重，为自己增添自信。

5. 敢于大胆发言

美国成功学家拿破仑·希尔认为，有很多思路敏锐、天资聪颖的人，却无法发挥他们的长处参与讨论。并不是他们不想参与，而只是因为他们缺少信心，觉得自己的意见微不足道，与别人的想法相比实在太平常、太普通了，如果让别人知道一定会取笑自己，所以与其发言，不如保持沉默。

为什么不大声说出自己的看法，积极参加讨论？无论如何，你的想法就是你的想法，即使和别人的相同，也是你自己思考的结果，带着你自己的思维轨迹，深深打上了你个人的烙印。不要担心自己的看法被人嘲笑，因为有些人还是很同意你的观点的。如果在开会时，你总是低着头，一言不发，那你永远都不敢在众人面前抬起头，你永远都只能充当配角，成不了主角，你的自卑心理就会日盛一日，直到把你打垮。

大胆发言是增加信心的因素。作为同学表率的班干部，不论是在课堂上，还是参加什么会议，都要积极主动地发言；不论是提出自己的新观点，还是同意某人的看法，或是提出一些还不甚明白的问题，你都要高高地举起手发言。

6. 敢于同"高人"攀谈

"听君一席话，胜读十年书。"生活中，有许多人都有着比你高的学历、阅历、资历或级别，他们在不同的方面都胜你一筹。这就是他们之所以成功的关键，在他们身上，总有你可以学习的地方。同这些"高人"攀谈，会使你的眼界增宽，你的学识会有着不同程度的提高。你也可以尝试着提出与他们不同的见解。这是需要很大的信心和勇气的，你能提出自己的看法，本身就表明你有这样的自信：使"高人"明白你的看法，理解你的看法，甚至赞同你的看法。所以，同"高人"攀谈讨论会使你受益匪浅。班干部只有拥有这种敢于同"高人"攀谈的信心，才能促进自己进步。

7. 勇于表达内心

当你遇到一件你从来没有经历过的事，比如到一个陌生的地方，见到一个十分著名的大人物时，你内心难免会出现不安与恐惧。此时，你应冷静体察自己内心的情况，然后一个人或当众把自己内心最真实的感觉表述出来，那你此刻内心所承受的压力就会大大缓解，头脑也会变得清晰而有条理。这就是实验心理学的鼻祖威廉·华特提出的内观法。

总之，生活中你可以通过各种各样的举动来增加自己的自信。就在这样不断的练习中，你不但获得了自信，还养成了自信的习惯。爱默生说："习惯是一个人思想和行为的领导者。"休谟也说："习惯是人类生活最有力的向导。"一旦养成了自信的习惯，你就可以获得一种积极、乐观、开放的人生观。在任何困难面前，你始终会抬头挺胸，用自己坚强的毅力去克服这些困难，在人生的大舞台上唱好每一出戏。

"自信人生二百年，会当击水三千里。"如果你要成为一名优秀班干部，拥有自信是必不可少的。

提高组织水平

所谓组织水平，是指为了有效地实现自己的各项计划目标、灵活地运用各种方法，把自己活动的各个部分、各个环节，从纵横交错的相互关系上，从时间和空间的相互关系上，有效地、合理地组织起来的水平。学会组织就是要求班干部要学会组织各种丰富活动，在活动中培养和锻炼自己的组织水平。对于班干部而言，组织水平对其生活、学习和工作都是十分重要的。作为沟通班内同学、班主任、任课老师、学校的纽带和桥梁，又是班集体的领导核心，就要随时准备接受学校和老师们交给的任务，就得随时准备筹划组织班内活动。因此，学会组织对于班干部来说，简直太重要了。而且，学会组织有利于提高班干部自身的素质。如果班干部具有很高的组织水平，并能在活动中得到充分的发挥，就能使自己的生活、学习、工作有序高效地进行。

组织水平不是一两天就能提高的，它需要你在日常的生活、学习、工作中去日积月累，那么应怎样来培养和提高自己的组织水平呢？

1. 多参加社会实践活动

组织能力是一项实践性很强的能力，班干部要想具备良好的组织能力，就必须多参加社会实践活动，在活动中去了解别人是如何组织活动的，别人组织活动成功在哪里，失败在哪里，哪些地方值得借鉴，哪些地方要予以改进……必须通过参与组织活动，接受熏陶，以此来使自己了解组织活动的过程、技巧等。然而，目前有许多班干部认为，参加太多的组织活动是"浪费"时间，会耽误学习。有这种观念的班干部要改变这种观念，因为你是一名班干部，就对班集体承担一份责任，也就不可避免地、或多或少地要举办一些活动，这就要求具有一定的组织能力。因此，作为班干部的你一定要积极参加各种社会实践活动，并以此为机会进行学习，从而使自己掌握一定的办事技巧。

2. 勇于担任干部职务

担任干部职务对于锻炼组织能力是必不可少的。作为一名干部，你辅助上级工作的过程，就是一个在实践中锻炼提高的过程。那么，对于学生来说，担任班干部职务，能使你不断地走向成熟。例如，担任一名班干部，你在工作的过程中总会遇到一些问题，这个时候，就要想方设法去解决。如果你解决了，工作能力在一定程度上就会得到提高；如果你不能予以解决，就要向老师、同学请教。他们给你的指点，会使你通过间接的方式来提高自己的能力，其中也必然会提高你的组织能力。另外，作为班干部，你与别的班干部和其他学生干部之间还有交流的机会，这其实也是互相提高的过程。

3. 在组织活动中锻炼自己

一个人的组织能力如何是从他组织活动的质量中体现出来的。因此，作为一名班干部，你要主动地去组织一些活动，例如学雷锋活动、学习交流活动等，这样你才能发现自己组织活动的能力究竟如何。一位伟人曾说过："要想知道梨的滋味，就得亲口尝一尝。"同样的道理，你要想知道自己的组织能力怎样，也必须组织几次活动。你要具备很强的组织能力，就要勇于承担组织交给的任务，学会把任务从人员、时间、活动上予以落实，使活动不仅能如期完成，而且还要把活动组织好。比如，一个班干部因班主任重病住院，就主动承担了班上的一系列工作，例如记考勤，每天值日人员安排等。他还组织班上的学生轮流到医院照顾老师。等老师病愈归来时，班上的一切事务井井有条。这主要由于他在小学时，在老师的帮助下，经常主动承担一些少先队的组织活动，学会了如何统筹安排各项事务。由此可见，学会组织活动对于锻炼一个人的组织能力是非常重要的，但如何才能把活动组织好呢？这就需要你平时大胆地积累与锻炼。

协调工作关系

1. 清楚当班干部的益处

在学校中，每个学生都乐意"两条腿走路"。一方面在学业上继续深造，另一方面不失时机地锻炼自己各方面的能力。对于后者而言，广大同学已经认识到理论与实践的联系有多么重要，能力和素质的培养已成当务之急。因而，不少学生寻找机会，课余时间或寒暑假期间外出当家教、找工作，或参加社会活动，而最为直接和现实的做法，就是将自己投身到班级工作中去，如果能当一名班干部则是两全其美的事。说两全其美指的是一方面通过开展工作令自身得到锻炼，另一方面能在与同学交往中加深友谊，可使学生生活更加美好温馨。这是每个学生所追求的理想境界。

无数的实际经验也证明，一个人若在中小学时有一段当班干部的经历，会终身受益，当班干部的具体优势如下：

（1）有利于培养学生的义务感和责任感，养成关心人、帮助人的好品德。这是一个人极其宝贵的精神财富。

（2）有利于督促学生以身作则搞好学习，为努力提高学习成绩获得近期动力。这是父母的一般化教育难以达到的。

（3）有利于培养自信心和克服困难的意志力。同学的拥护、老师的信任，会极大地增强学生的自信心。克服工作中的困难需要意志力，工作的出色需要开动脑筋积极思考。

（4）有利于培养学生人际交往能力，包括表达能力、组织能力和应变能力。这些能力的增强都有助于孩子走上社会后，取得更大的成绩。事实上，许多有贡献的科学家、企业家、教师、工程技术人员，许多杰出的领导者如厂长、经理、校长、部长等在中小学时代都当过干部，是学校各项工作的活跃分子。

2. 协调好学习工作二者的关系

如何协调当好班干部和做一名好学生的关系，几乎是令每一位班干部和他们的家长颇为头疼的事情。许多同学作为班干部而言，是一名优秀班干部，但作为一名普通学生，却是一名学习成绩非常差的学生。于是，不少望子成龙的家长就不愿意让自己的孩子当班干部。他们认为，只有学习成绩好，才能成才，当班干部既可能得罪人，又影响学习。个别家长甚至在孩子当了班干部之后，强迫孩子写辞职书。那么，如何协调当干部与做学生两者之间的关系，既做一名好学生，又做一名优秀班干部，使"鱼与熊掌兼而得之"呢？

（1）准确定位

学生应以学为主，学习是学生的本分，学习上不以身作则就谈不上威信，就会被"一票否决"。人的精力是有限的，人的追求是无限的，这就是矛盾。

同所有的普通同学一样，班干部是学生干部而不是"干部学生"，学生干部的首要任务是学习。因此，不论是在每天的时间安排上，还是在主观心理的倾向程度上，都应以学习为主，工作为次，不能主次颠倒。只有首先摆正二者的关系，才能做一名称职的班干部。对于班干部来说，学习和工作是相互矛盾的，但只要处理得当，二者就能相互促进。能当选班干部，说明自己有一定的工作能力，并且这种能力得到了老师和广大同学的公认。

得此信赖，自己理应做好工作，以不负众望。班干部应是同学们的模范，这不仅体现在他们在各项活动中起带头作用，而且体现在学习上是佼佼者。因此，班干部在学习上就有更大的压力，如果能把压力变成动力，利用各种机会补偿因工作而损失的学习时间，同样也能取得好成绩。反过来，工作虽努力，学习成绩上不来，就会降低自己在同学中的威信，从而不利于班干部更好地开展工作。

（2）提高效率

时间对每一个人都是公平的，每个人每天都有 24 小时，班干部既要把学习搞好，又要把工作干好，二者兼顾，两不耽误，就需要有很高的效率，需要有"挤"的精神。

在经济工作中有这样一个公式：效率＝价值/时间。在价值固定的情况下，效率就取决于时间。对每个人来说，时间都是一个常数，但如何运用这个常数却大有文章可做。集中精力读一小时书，可能比漫不经心地翻两小时书的效果还要好；主题明确的短会，要比马拉松式的长会效率高几倍。因此，能否正确处理学习与工作的关系，还在于班干部是否有较强的效率观念。

（3）注重学习和工作方法

班干部在处理学习与工作关系时，也要讲究方法。不论是学习还是工作，精力都要高度集中，不要让杂念侵扰自己的思维。学习时想着工作，工作时又忙着学习，结果是既影响学习，又做不好工作。一般来说，班干部在学习时要力争做到：上课注意听讲，当堂知识当堂消化，课后首先集中精力预习复习功课，完成作业。某些工作也可以与学习交叉进行，如一些谈心和个别商量事情，就不妨安排在课间或在图书馆读书的中间休息时间。这样既调节了脑筋，又做了工作。这种时间上的交错运筹法，各位班干部不妨一试。

（4）养成制订计划的好习惯

班干部的工作一般比较琐碎，许多人常常有事多缠身之感。解决这一问题的办法之一，就是依据本学期的课程安排和工作的具体情况，制订一套学习工作计划。使自己的学习和工作能有计划、有步骤地进行。在时间搭配上，把学习和工作的高潮错开，如学期初可以多安排些工作，而学期末则应多用时间和精力复习应考。这样就会大大缓解二者之间的矛盾。

当班干部与成为优秀学生并不是水火不相容的，在现实生活中，大部分班干部都能做到二者兼顾，两不耽误。他们既能圆满地完成学习任务，又能尽职尽责地做好本职工作。还有不少优秀班干部更是做到了使二者互促互进，相得益彰，既是尖子生、优秀学生，又是优秀班干部、优秀少先队员或模范团员。

当然，这里有一个如何抓紧与合理安排时间，使学习、工作都不耽误的问题。我们相信，只要学生自己对待学习有很强的自制力，很强的计划性，很高的效率，有"挤"的精神；对待工作有很高的热情，很强的责任心，勇往直前的精神，经受得起失败和挫折；再加上家长、教师互通情况，互相配合，对学生多加指导，矛盾是可以解决的。

3. 科学安排和运用时间

英国博物学家赫胥黎说："时间最不偏私，给任何人都是 24 小时；时间也最偏私，给任何人都不是 24 小时。"也就是说，每个人既可成为时间的主人，也可能成为时间的奴隶，其中关键在于自己如何运用与把握。时间是每个人最宝贵的财富。凡是有成就的人，都有强烈的时间观念和运筹时间的本领。班干部作为学生中的领导者，能否科学地安排、合理而充分运用时间，将直接影响其工作的效果。班干部如何科学地管理时间，概括起来，主要有以下几方面内容：

（1）制订科学合理的计划

时间是公平的，对每个人来讲都是相同的，关键在于对有限的时间如何计划和如何科学而合理地使用。一个会管理时间的班干部就善于合理地使用时间，将一天的 24 小时计划得井井有条，充分利用。班干部在搞好学习的同时，还得安排时间来组织学生活动，主动向老师汇报工作，向同学传达学校、老师的指示精神等等，很好地管理时间，尤为必要。以下几点可供班干部们参考：

①分清主次处理事情

做事要分清轻重缓急。首先去做那些重要的事，而不是那些好似"紧迫"的事，更不可终日忙于应付那些无关紧要的事。用充足的时间做最重要、最难办的事。例行公事之类的放在精神和精力较差的时候去处理。

②正确处理学习、工作、休息的关系

一张一弛，文武之道。班干部首先必须在学习方面起到带头作用，只重视工作，忽视学习的班干部是不可取的。因此，班干部必须安排充裕的时间保证学习，切忌利用上课、老师辅导、完成作业的时间来进行组织与策划工作。其次，必须用相当部分的时间去思考和精心组织工作。最后，作为班干部，不能搞疲劳战术，还得有充足的时间保证休息，"不会休息，就不会工作"是真理。

③保持时间利用的相对连续性

古人云："一鼓作气，再而衰，三而竭。"做一项工作或思考某一问题时，最好能够一气呵成，不要间断，因为被中断的注意力通常需要很长时间才能恢复。

④养成"日事日毕"的好习惯

日事日毕，今天的事不要等到明天，上午的事不要拖到下午。精力在成功之中更新，而在拖延之中衰竭。每晚总结当天工作，分析利用时间的情况是否合理，有无浪费，如何改进，同时考虑明天的打算。

（2）学会像海绵"挤"时间

时间往往是"挤"出来的，作为一个班干部要切实避免时间浪费。

①养成快速准时的习惯

用"分"、用"秒"计算时间的人，比用"时"计算时间的人的办事效率高得多。做每项工作要给自己定出严格科学的时间限度，何时起，何时止。开会、约见要准时，养成开短会、说短话、写短文的良好习惯。

②善于简化工作

任何一项工作只有简化到最低限度，才能最大限度地节约时间。简化工作有许多方法，如取消、合并、重新排列、变更、取代等，以避免无效劳动、重复劳动和低效劳动。比如，作为一名班长，在组织班级参加学校运动会时，就得善于将工作进行分解，充分发挥班内各委员的作用，可将活动分成参赛小组、服务小组、宣传小组等几个组，分头准备，不是班长一人事必躬亲，而只是充分发挥统筹与协调的作用。

③学会"见缝插针"

化整为零，见缝插针。工作学习的时候，必须善于零时整用，而不可整时零用。比如：随身携带工作夹，利用空隙时间工作；办公地点尽可能多地备有工作必需的手册、书籍、参考资料等等，以备查阅。

（3）发挥群体效应，节约时间

作为班干部，不应该也不可能事事都得亲自去做，应当学会相信同学，依靠同学，充分调动其他干部和同学的主动性和积极性，减少自己工作压力与时间，并且要善于正确地使用手中的权力，认真执行民主集中制原则，善于决断而又不独断专行，善于听取广大同学的意见而又不人云亦云，毫无主见。只有如此，才能充分调动班内其他同学和干部的工作积极性和工作热情，同时又积极支持广大同学自觉、主动地参与。比如：作为班长、副班长，在工作中应充分调动学习委员、生活委员、文体委员等班内其他干部的积极性，充分发挥他们的作用，以便减轻自己的工作负担，减少自己的工作时间，让自己能有更多的时间全面地考虑更重要、更紧迫的工作。

（4）改进工作方式方法，提高效率

作为班干部，只有努力改进工作方式与方法，提高工作效率，才能尽量缩短工作时间，从而达到事半功倍、节约时间的目的。

①养成勤于记录的习惯

好记性比不上烂笔头，班干部最好随身携带纸笔。发现好的创见、设想和观点时，应当立即记录下来。开会、听汇报、谈话中的要点，以及有关的事件、人名、数字等也应注意记录下来，以便需要时随时可以利用。

②利用现代化工具

作为班干部，最好学会运用电话、电报、录音机、录像机、复印机、电子计算机等现代化办公用具，才能在工作需要时加快工作速度，提高工作效率，相应地提高工作质量。

③提高会议效率

恰当地选择开会时间，减少会议数量，缩短会议时间，切忌常开会、开长会。

④适时休息

在工作学习中感到疲惫时，应当进行适当调节，休息片刻，高度紧张的状态就会得到缓解，新的精力就会焕发出来。

班干部在人们心目中是素质和能力比普通同学要高、要强的一个群体。那么班干部应具备哪些素质？班干部又应具备何种能力？班干部又怎样才能提高自己的素质能力？

在知识经济大潮滚滚而来的今天，人们对能力倍加重视，社会对人才的选拔也迅速地从知识型向能力型转化。为适应这种转化，班干部应走出"高分低能"的误区，构建合理的知识、能力结构，重视自己的能力培养与提高。只有这样，才能排除各种阻碍能力发展的因素，科学有效地促进自身能力的发展，以强者的姿态自立于社会。

班干部能力素质提高的要旨

1. 努力学习

素质和能力的提高，靠的是主观的勤奋努力。如两个人的先天素质差不多，他们所处的环境和所受的教育以及所从事的活动也大体相同，但由于两人主观努力不同，他们的素质和能力达到的水平也不同，这充分显示了勤奋对素质能力提高的重要作用。分析成功者的传记，可以看到勤奋的重要作用。马克思写《资本论》，李时珍著《本草纲目》，爱迪生的 2000 多项发明……都展示了"天才出自勤奋"这一真理。勤奋的优势，主要在于以下两方面：

第一，勤奋能影响一个人所从事活动的广度。凡勤奋的人，必定经常不懈地从事各种活动，使素质在活动中得以全面充分地发展，使环境对人产生更大的影响作用，这必然促进能力的提高。

第二，勤奋影响一个人活动的深度，可以使素质一般的人作出伟大贡献。苏洵 27 岁才开始发奋学习，最初连考科举都落选，说明他文才并不好。后来他勤奋学习，竟成了"唐宋八大家"之一。英国数学家牛顿，刚生下来时体重只有三磅，中学时也不显聪明，然而由于他勤奋努力，专心致志，终于成为大科学家。对差生的研究证明，他们之中大多数学习成绩不好，不是由于能力低，而是态度消极，不努力、懒散，使他们既不能表现自己的能力，也不能发展能力。

2. 加强意志品质锻炼

任何人的创造性活动都要求集中全部精力，坚持不懈地努力，并非是一时高兴或灵机一动所能完成的。要做到精力高度集中，需要有坚强意志，去克服种种困难。创造性活动包含着极其艰辛的劳动，没有极强的意志和努力，是完不成的。

人的素质和能力总是在一定条件下发展起来的，然而一个意志坚强的人，可以克服种种不利条件使自己的素质得到提高，能力得到发展。我国南北朝时期的江泌，家境贫寒，没有钱买灯油，就借月光读书，常年坚持，从不放过每一个明月高挂的夜晚，曾因疲劳从茅屋顶上跌下来。由于他勤奋地刻苦攻读，终于成为当时最有名的学者。

古希腊的德摩斯梯尼，生来就有口齿不清的缺陷。为克服这个短处，他以跑步和爬山时作长篇演说的方式增强音量，用口中衔着小石子的办法来校正发音。坚持勤学苦练，持之以恒，终于克服了先天口齿不清的缺陷，口头语言表达能力获得了高度发展，成为当时享有盛名的演说家。

许多患有严重疾病与肢体伤残的人，凭坚强的意志发展各种能力。双目失明的奥斯特洛夫斯基写出了鼓舞几代人的传世之作《钢铁是怎样炼成的》；我国的许多残疾人没有双手一样写字弹琴，或两腿瘫痪仍靠双手劳动等。

3. 严格要求自己

凡是在活动中充分发展自己能力的人，多半是对自己有严格要求的人。人的才能是在永不满足已有成绩、不断向自己提出更复杂的任务中锻炼提高的。托尔斯泰的巨著《战争与和平》写了七八次；帕斯卡修改《致外省人书》达 17 次之多；李时珍为把《本草纲目》写得更完备，曾进行 3 次大修改，几乎都是推翻成稿，重新编写；达尔文发现物种起源规律，20 年后才正式发表其论著。

严格要求，可动员人内部的全部可能性与力量，去寻求解决任务的新方式和方法。这就会不断出现新任务与已有能力水平间的矛盾，这一矛盾的出现与解决就会推动能力的发展。

班干部提高素质能力的误区

谁不想赢得班主任的夸奖："他（她）真能干。"哪个不愿班内同学都竖起拇指说："你真棒。"班干部们都迫切地希望能尽快提高自己的能力，但由于缺乏经验，有时往往自己努力了，却没有达到预想的效果，有时还会适得其反。以下几种错误做法就是常见的误区。

1. 努力无方向，盲从

有些班干部培养素质能力时喜欢盲从，不考虑分析自己现有能力水平及特点，自己的优势能力与非优势能力何在，潜能如何等，别人干什么，自己也跟着去干。有些班干部培养能力不与自己今后的工作和个人发展目标挂钩，凭兴趣，图新鲜，目的不明确。盲目努力的结果往往是顾此失彼，干什么都不能坚持到底，效率不高，效果不佳。

要走出这一误区，一方面应根据自己的特点和特长，选择与自己的优势能力相适应的工作，在胜任工作的前提下进一步提高自己的现有能力。另一方面，还要在完成工作任务的过程中一步一步地开发自己的潜在能力，使自己的总体能力水平不断得到提高。

2. 急于求成，欲速不达

班干部在培养与发展自己素质能力的时候普遍存在的一个心理障碍是急于求成，恨不得在很短时间内使自己各方面能力都有较大提高，一旦经过努力，成效不大或没什么成效，则会心灰意懒，乃至放弃努力。

我们应当看到，能力的形成与知识的获取不同，获取知识主要通过认真刻苦的学习，可在较短时间内见效。而把知识转化为能力，则需要较长时间的实践锻炼，还必须掌握一定的科学方法，如分析解决问题、口头表达等，这个过程更长、更艰巨。只有脚踏实地，勇于实践，坚持不懈，不畏困难，不怕失败，才能使能力得到提高。

3. 不切实际，追求完美

班干部常常有一种追求完美，希望自己是最好的，希望自己什么都好的不切实际心理。当众讲话要能吸引听众，要给别人留下深刻印象；与人交往要十分得体周到，处处表现出既有学识，又有风度；执行任务要完成得非常优秀，让所有人都满意；只要付出就一定要有收获，只要干了就要得到赞扬。一句话，只能成功，不能面对失败。一旦没有达到以上要求，就会认为自己不行，不如别人，从而自卑自责。

这是应试教育氛围下形成的追求完美心理在学生身上的惯性表现。要知道尺有所短，寸有所长，山外有山，天外有天，自己有长处，也有短处。班干部要学会接受自己不是在所有方面都最优秀的事实，要承认同学们在许多方面比自己更优秀。同时，要虚心学习别人的长处，不断把别人的长处变为自己的长处。此外，还要确定一个只要自己努力就能达到的、具有可控性的工作目标。如果盲目追求最好，一旦达不到，就会有挫败感；若是把目标定为力争比前一次干得更好，就能确保成功，自信心也会由此得到增强。

4. 只顾做事，角色不明

不少班干部认为，当干部就是要多干工作，多干工作就能提高自己的素质能力，所以一头埋进事务堆中，干了这样忙那样，有时连上课都在想工作，甚至为了工作而影响上课。这些班干部的问题在于角色不明，把自己从"干部"变成了"干事"，其结果是事务缠身，疲于应付，事倍功半，费力而效果不好，老师不满意，同学们还有意见。

班干部就是要组织和带领全班同学共同完成某种活动。班干部最重要的能力是统帅能力和激励下属的能力，只知道自己干具体工作的人最多只能算干事。班干部应当看到广大同学也十分希望提高自己的能力，并尽可能地满足同学们的这种需要，将工作重点放在组织和发动同学完成各种活动上，主动为广大同学提供培养能力的机会，鼓励和带领同学们在完成活动任务中锻炼自己的能力。这样，工作因有同学们的支持和参与而搞得更好，收到事半功倍的效果，自己的组织管理能力也能得到体现。

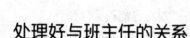

班干部如何配合班主任工作

处理好与班主任的关系

班干部是班级的真正管理者，班主任是班干部管理班级的帮助者。班干部和全体学生是班级的真正主人，班主任只是在学生的成长过程中提供帮助的人。这是正确的，但不能走向绝对化。班干部在管理班级的过程中肯定会出现问题，班主任必须起到扶正作用。我们要求班主任要做一名有思想的人。实际上，在班级管理中班主任的思想会自觉地通过班干部对班级的管理表现出来。班主任掌握着班级发展的大方向，这个方向不能偏。所以，我们又要谨防班干部集体偏离现象的出现。班干部尤其是班长出现了思想与班主任思想不一致的现象，受害的一定是班集体。班主任要反省自己的管理有无漏洞，同时必须纠正班干部的思想错误。凡经教育不能改正者或者没有明显提高者，只有一个结果：考虑更换班干部。不能因为一个班干部而影响整个班集体的发展，况且撤掉班干部之后，我们通过集体来对失职的原班干部进行再教育，效果可能会更好。

所以，在一个班集体中，班干部和班主任一定要密切配合，积极合作，才能把班级工作做好，才能创建一个更加优秀的班集体。班干部应当认真做好以下工作：

1. 对班主任的指示要认真执行

坚决执行班主任的指示，是对班干部的基本要求，也是每个班干部应尽的职责。在一般情况下，班主任对班干部下达命令，布置任务，都是从全局出发，经过认真研究，仔细考虑，在充分考虑同学们具体情况的基础上决定的。因此，班干部对班主任的命令必须愉快、干脆、利索地接受，决不推三阻四，应付了事。即使在完成班主任下达的工作任务中有这样或那样的困难，也要发挥自身的主观能动性，千方百计地创造条件，克服困难，尽最大努力高标准地完成班主任交给的工作任务。这样不被困难吓退，通过艰苦努力而完成工作任务的做法，是对班主任工作最大的尊重和支持，也才最能博得班主任的好感和赏识。

对于班干部而言，对班主任下达的命令，布置的任务，安排的工作，提出的要求，执行得越坚决，完成得越彻底，取得的成绩越明显，你在班主任心中的地位就越重要，你在同学们眼中的形象就越完美，你在工作中的作用就越突出。在任何情况下，班主任青睐的班干部都是班干部中踏实肯干、奋力拼搏的人，能在最短的时间内高质量完成任务的人。

2. 对班主任的指示要正确理解

班级是学校的一个组成单位，如同是整个链条上的一个环节。学校对各班级要实施全面把握，进行科学的工作指导。班干部要主动接受学校和班主任的领导和指导，积极开展工作。班主任在班级工作上对班干部进行指导和领导，是班主任的本职工作，也是对班干部的信任、关心和支持。班干部在完成班主任交给的工作时，对班主任提出的总的指导思想、工作部署、标准要求、方法步骤、完成期限、注意事项等，都要反复地认真体会，掌握要领，抓住重点，全面正确领会班主任的意图，积极按班主任的意图来开展工作。

有些班干部想不通，既然要求班干部有很强的独立处理班内各种矛盾与问题的能力，那么为什么还要老听班主任的领导和指导呢？有些班干部认为，老是贯彻班主任的指示，会滋长依赖思想。其实，这两种想法都是极端错误的。许多先进班集体的实践说明，班主任越是对班干部加强全面领导和具体指导，不断进行传、帮、带、教，班干部的能力和素质水平就越高，解决班内问题和带动全班共同进步的能力就越强，班集体的进步就越大。反之，如果班主任对班干部的领导出现"空档"，班干部不了解班主任的意图，得不到班主任的及时指示和帮助，解决班级问题和领导班级建设就只能凭原有的经验，这种经验的局限性必然会对工作造成一定的影响。所以，积极争取班主任的领导和指导，班级建设才能有明确的目标、明确的标准、明确的途径，才能少出差错，少犯错误，少走弯路。

3. 要多与班主任沟通

争取班主任的领导和指导，要采取主动的态度。班主任的时间和精力也都是有限的，只有及时进行请示和汇报，多与班主任沟通，才能引起班主任更大的关注和重视，才能及时得到班主任的指示和帮助。因此，班干部应该养成多与班主任沟通的好习惯。

班干部在每个阶段或每项大的工作任务之前，要主动向班主任请示工作，寻求指示，接受具体要求和注意事项，进行很好的理解消化，并注意在整个工作任务过程中进行积极的贯彻落实。在一个阶段结束或完成大的工作任务之后，要及时汇报完成工作任务的具体情况。汇报要实事求是，既讲过程又讲结果，既讲闪光点又讲阴暗面，既讲成功经验又讲失利的教训。要特别注意，在汇报时成绩不夸大，问题不缩小，矛盾不回避，责任不推诿，有一说一，有二说二。要特别杜绝汇报中的报虚情、说假话、好大喜功、报喜藏忧的行为。如实汇报情况可以使班主任比较全面地了解掌握班级情况，实行科学指导，作出正确的决策。

一般来说，班主任站在全局的高度，接触面广，对情况了解得比较全面，因而对问题看得会更透彻一些，对班级建设的规律性认识会更深刻一些，对具体问题处理的经验要相对丰富一些，因而所出的点子、所想的办法、所提的要求、所作的指示，就更切合实际，就更具有针对性、指导性。

对班主任的指示，特别是对班主任的批评，班干部要认真理解消化，从正面、积极的方面来理解吸收，从批评中看到自身的薄弱点，从批评中悟出一些基本的道理，从批评中寻找解决问题的出路和对策。要善于从批评中发现工作的突破口，善于把批评转化为抓工作的动力，善于用班主任的批评来激发大家的集体荣誉感和上进心，善于利用批评来加大处理特殊问题的力度。

对班主任的批评、指责，班干部要有一种平衡、平稳、平静的心态，巧妙地利用批评来扭转班级形势，从而达到班级建设的新飞跃。对班主任的批评、指责，要举一反三，由此及彼，从中受到更大的教益，实现"牵一发而动全身"的整体推进。接受班主任的指示、批评，不仅要遵照落实，而且要悉心体会，认真学会上级的思想方法、工作技巧和处事方略，从中受到领导艺术的启迪和教益，以提高自己的处事能力，以班主任之长补自己之短，以班主任之经验补自身之缺陷。

4. 特殊情况要提前报告

作为班委会成员，班干部要按照班主任的总意图、总要求，积极而又稳妥、大胆而又恰当地解决班级建设上的各种矛盾、困难和问题。能在班级解决的班主任不再插手，能在本班范围内解决的决不往上、往外推。尽量做到"班内解决"，尽量减轻班主任的负担。但班干部的经验、能力和权限也都是有一定限度的。对超出班干部职权范围的一些特殊矛盾、特殊困难和特殊问题，则必须及时向班主任汇报，依靠班主任的帮助来求得解决。对班委会成员相互之间的难以协调的矛盾和纠纷，或者班干部中严重违法乱纪行为等，都只能及时上报，通过班主任的干预来解决问题。对班内同学受伤、住院，班内个别同学家庭的特殊困难，对影响面较大的同学间的纠纷，对严重违纪现象的处理等，都必须及时向班主任报告，请示班主任出面帮助解决难题。对从未遇到过的难以把握的问题的处理，要及时报告班主任，请班主任予以明确的处理意见。

对于每年度的三好学生、优秀班干部评选，奖学金评定，对违纪违规同学的处理，干部的调整等，敏感而又直接影响人心稳定的热点问题，班干部一定要将具体情况提前详细向班主任进行汇报，争取班主任的理解、赞同和支持。提前汇报，还可引起班主任对你所汇报的情况的重视。

总之，提前汇报有利于班干部与班主任上下沟通，有利于班主任掌握下情，有利于上下取得共识，容易掌握在用人问题上的主动权，更加有利于密切班主任和班干部的合作关系。班干部要学会提前汇报情况，掌握汇报的恰当时机，尽力造成一种上下沟通、达成共识、相互理解、心情舒畅、有利于调动班主任和班干部两方面积极性的优良环境。

5. 对待教师要一视同仁

有的班干部对教师是"看人下菜"，对不同的人表现出不同的态度。往往是对班主任热，对任课教师冷；对语文、数学等主要科目教师热，对地理、历史、生物等副科目教师冷；对中青年教师热，对临近退休和刚毕业的教师冷。这种存有偏心偏见对待教师的态度，反映了个别班干部的不良倾向，这就必然会影响教师们对本班的正常教学。班干部不仅自己要端正态度，也应带动全班同学正确看待师生关系，对每一位教师都要一视同仁，做到对老师布置的任务、工作的指示和提出的意见同样服从、接受和认真对待，在态度上同样热情，在工作上同样支持，决不可有亲疏厚薄之分。尤其对那些任职时间短的年轻教师，接近退休的老教师，更应该多一分尊重，多一分热情，多一分关心，多一些工作上的支持和帮助。

"一切行动听指挥"，是处理师生关系的基本原则。对老师的每项指示和安排，都必须认真对待，尽力贯彻执行。对老师的指示决不允许搞"上有政策下有对策"，决不允许搞"有利就执行，无利就不执行"。不考虑个人的得失，不搞名不副实的花架子，全心全力动员全体同学把教师的各项指示都落到实处，把班级建设不断推向前进。密切同教师的关系，也要提倡讲奉献、讲友谊、讲支持、讲谅解。对艰苦的工作任务，要主动请战，争挑重担。对荣誉的分配，要不争不抢。对教师难以完全解决的问题，要甘愿吃亏，充分体谅教师的难处。对教师考虑不周的问题，要主动予以弥补，做好"补台"的工作，不看教师的笑话。对教师一时的误会、误解，要宽以相待，注意维护教师威信，不说三道四，不得理不让人。积极支持教师工作，营造亲密无间的师生关系。

学会向班主任汇报工作

班干部主动向班主任汇报工作，或在接受学校检查时汇报有关情况，是主动接受班主任的帮助和指导，为班主任的科学决策提供事实依据，不断推动改进工作的重要手段。但班干部在向班主任汇报工作时，往往出现两种偏向。一是报虚情，说假话，报喜不报忧，甚至是非颠倒，任意拔高夸大成绩，极力掩盖推脱责任；二是对工作心中无数，工作干了，成绩有了，但总结归纳不出来，汇报不出具体内容。这两种现象都直接影响班主任对班内同学情况的了解，可能影响班主任的正确决策，也影响班主任对某些同学的正确评价，影响班级工作。班干部要熟练掌握工作汇报的基本功，使之达到"真实、准确、全面"的要求。

做好汇报前的工作

"不打无准备之仗"，做任何事情都要充分准备才有成功的把握。向班主任汇报工作情况，班干部要注意做好准备，才能汇报到点子上，才能将班内情况如实反映上去，才能更好地得到班主任的指导和帮助，才能少走弯路，加快班级建设步伐。

1. 列出汇报提纲

汇报工作情况是为了使班主任对班内某事、某人情况的全面了解，从而进行具体的批评、帮助和扶持，这是加快班级建设的重要条件。对于主动向班主任汇报情况和接到班主任检查通知的情况汇报，都最好列出汇报提纲。列提纲的目的，是为了突出汇报重点，增强汇报的层次感。在列提纲时，班干部应首先考虑本次汇报的中心内容是什么，如何围绕中心内容进行分层次的阐述。哪些内容该讲，哪些内容不该讲，哪些问题需详细讲，哪些问题可点到为止，哪些情况能直截了当地讲，哪些情况要委婉含蓄地讲等，都应在列提纲时考虑成熟，使汇报提纲没有"水分"，使汇报内容有血有肉，言之有物，没有废话。列提纲是为了使汇报内容充实、精练、有层次。在汇报时，应尽量不看或少看提纲，提纲内容应装在心里，而不可完全看着提纲汇报。

2. 打腹稿汇报

当受到一些没有提前打招呼的检查或班主任突然要你汇报某一方面的情况时，没有过多的时间列提纲，就应采取打腹稿的准备办法。心里应快速地考虑一个简明扼要的汇报计划。包括汇报的主题，围绕主题分哪几个方面，列举哪些重要事例，如何把握有关问题的分寸，整个汇报时间等。按照这样的计划（实际是腹稿）汇报，就可以避免汇报时忽东忽西，语无伦次的现象，可以不慌不忙地把事情阐述清楚，表现出一种"全局在胸""心中有数"的精明、干练的素质来。没有准备靠打腹稿能汇报得有条不紊，头头是道，固然需要很强的快速反应能力和敏捷的逻辑思维概括能力，但更重要的还是在于平时工作的计划性、条理性的工作习惯，在于善于总结经验、提炼思想观点的思维习惯。

掌握汇报的主动权

由于工作时间的局限，班主任对班级情况的了解有多种多样的需求。班干部如果汇报得"不到位"或"出界"，就不能使班主任满意。这就要求班干部要确定最恰当的汇报内容，既能将班级情况反映上去，又能满足班主任的需求。因此，要弄清楚不同情况下的汇报内容的范围，才能掌握汇报中的主动权。

1. 汇报单项工作

这种汇报主要是就某项工作情况的汇报。例如，学习工作、宣传工作、体育工作、班级活动等大的单项工作。单项工作，还可根据实际情况作具体划分。单项工作汇报，主要是针对班主任下达的不同任务、不同要求的汇报，便于获得班主任的帮助和对有关困难、问题的具体解决。

一般来讲，不同职责的班干部对所分管的某项具体业务工作比较重视，比较熟悉，比较有经验，比较能看出问题，比较有发言权，有能力解决这项工作的困难和问题。所以，无论主动找班主任汇报工作还是接受班主任对工作检查时汇报，都应按班干部所分管的工作内容和范围，有针对性地进行单项工作汇报。这样容易得到班主任的具体指导和传、帮、带，有利于推进某项工作的进展，这是符合"具体问题具体处理"的科学工作方法的。如果汇报内容过于庞杂、琐碎，只会让人乏味，耗费彼此的精力和时间，无益于问题的解决。

单项工作汇报，一般应包括五个环节：

一是计划安排。对某项工作，作为班干部，是如何分工具体抓的，如何安排部署的，有哪些标准和措施等。二是具体做法。是如何组织实施的，有哪些典型做法，有哪些超常规的办法，具体的进展情况等。三是标准程度。目前该项工作已达到什么标准、什么程度，取得哪些结果和成绩，与以前相比，与别的小组或班级相比有哪些不同之处等。四是经验教训。有哪些突破性、创造性、开发性的经验，有哪些能影响、带动全局的经验，还有什么问题及教训，这些经验教训应用很概括、很通俗、很精炼的话表达出来。五是态度决心。对该项工作的现状如何看待，对下一步有什么打算，有什么新的目标、新的设想，有什么需要班主任帮助解决的困难和问题等。这样汇报就能把握问题的实质，反映出工作的本来面目，让上级了解实情，从而得到支持和帮助，对学校建设将会产生积极的推动作用。

2. 汇报专门问题

这种汇报是班内出现特殊事件后，主动向班主任汇报和接受班主任调查了解情况时的汇报。例如，班里出现的典型人物、典型事迹、发明创造以及事故、案件和人为的损失破坏等，都属于特殊事件的范围，都应当及时向班主任汇报，以求得班主任具体明确的指示，才能将这些特殊情况进行特殊处理，以求得最佳结果。对班里出现的这些特殊事件，必然会引起班主任的高度关注和重视。对这些专门问题的汇报，指向性、目的性特别明确，就是只汇报这一专门问题，不涉及其他方面，只要把这一专门问题汇报透彻、清楚就可以了。

对专门问题的汇报，有五个要素必须交代清楚：

一是当事人必须说清楚。典型事迹是谁干的，发明创造是谁做的，事故是谁引起的等。二是时间必须说清楚。从什么时间开始至什么时间结束。三是地点必须说清楚。在什么地方干的什么事，创造的什么奇迹，完成了什么任务等。四是过程必须说清楚。整个事情的来龙去脉，前因后果，具体怎么干的，如何发展变化的，采取的对策办法等都应说明白。五是结果必须说清楚。事情的结局，问题的后果，造成的影响，引起的震动等，应该有明确的结论。把这五个方面说清楚了，班主任就能把握整个事件的全貌，便于帮助班干部将这些很少遇到的问题妥善处理好。

3. 汇报综合情况

这种汇报主要是对班级全面建设综合情况的汇报。一般由班长、副班长进行汇报。为了让班主任了解班里整体情况，从中探索班级工作规律，迎接学校对班级建设情况的全面检查、考核和调查研究，要听取班干部对班级全面建设综合情况的汇报。这种汇报要求详细、全面和准确，能反映班级的工作概貌，能体现出班级建设的普遍规律和特殊要求，能使班主任掌握班级建设的第一手资料，能为其决策提供可靠的事实依据。

在综合情况的汇报上，不少班干部汇报得不成功，班主任和班干部本人都不满意的原因是汇报得杂而乱、没头绪，华而不实，有现象、没规律，有过程、没结局，东一榔头西一棒子，没有层次，没有重点，就像流水账一样淡而无味，让人有如坠云里雾里一般，听不出个所以然来。

综合情况汇报应当把握五个方面的内容：

一是年度（或阶段）工作的总体指导思想。也就是这一年（或阶段）时间内学校工作的中心任务是什么，要把班级建设搞到何等的程度，本班工作的总体目标是什么等。二是全年（或阶段）的总体工作思路。三是班级各项任务进展情况。全年（或阶段）主要干了哪些大项工作，完成了哪些艰巨任务，是如何全面建设班级的，有什么好的做法等。四是取得哪些成绩、存在哪些问题。成绩要讲够但不要过头，注意留有充分的余地；问题要讲透但不要强调客观，应主要从主观上找原因。五是经验体会。从班级建设的实践活动中总结出了哪些带有规律性的经验体会，有哪些开拓性的做法，探索出班级超常发展的哪些好路子、好办法，班级全面建设的主要障碍是什么，如何克服这些障碍等。进行综合情况的汇报，不能完全像复印机复印材料那样，照原样不变地就事摆事，而应在事实的基础上进行加工，突出规律性、经验性，把实践的认识提炼到理论的高度。

讲究汇报的技巧

汇报要能汇报得真实、准确和全面，反映出本班的特点，有一个厚积薄发的过程。汇报是工作实践经验的积聚，是对事物观察、分析和概括的升华，是对感性认识的加工提炼，是对班级建设规律的积极探索，是对班级工作的再认识、再总结。班干部要认真掌握工作汇报的技巧，把工作汇报变成再认识、再总结、再提高的过程，以推动班级建设的健康发展。

1. 汇报要讲求事实

事实是客观存在的。事实胜于雄辩，事实是最有力的语言。班干部不管作哪种类型的汇报，都必须始终坚持实事求是，坚持用事实说话，才能说到点子上，才能说服人、打动人。离开事实去汇报，就是盖在沙滩上的大厦，是没有基础的，没有不失败的。

（1）事例、观点相结合

汇报中的典型同学、典型事例要具体、实在，越具体、越实在，越有可信度，越有说服力。具体、实在的事例，是对班内情况最有力的说明。但汇报不应是一大堆事例的罗列，而应是对具体情况有事实的分析说明。要用事例来引申、印证一定的思想观点，用思想观点来说明和分析具体的事例。在汇报中，没有事例的观点是空洞的，是缺乏说服力的；没有观点的事例是平淡的，缺乏生动性。事例和观点要相互交叉运用，可以深化汇报的主题，增强汇报的感染力。但观点应是在事例的基础上总结提炼出来的观点，事例应是在正确思想观点指导下的实践过程中的典型事例。

（2）用数字强化要说明的问题

在工作汇报中，应该力避使用模糊语言和模棱两可的语言，如"大概""可能""估计""好像"这样的话应该少用或不用。对一些定量的工作或定性的工作汇报，一定要用确切的数字、数量的界限来说明问题。例如，本班总共有多少人，优秀生有多少，中等生有多少，后进生有多少，各占多少比例。用这样的数字、百分比来说明问题，使班主任能掌握本班的精确情况，便于科学安排工作。在汇报工作中，凡是能用数量来说明问题的都应尽量用数量来说明问题。用数量来说明工作情况，既要有本班前后的数量对比，也要有与其他班的数量对比；用提高的百分比量来说明本班的进步幅度。

（3）要注意运用对比说明问题

用事实说话，要经过对比才能说明问题。一件事情孤立地讲让别人看不出什么特点，而经过比较就能看出其不凡之处。有参照物才好比较，有比较才好鉴别，有鉴别才好看出进退优劣。例如，某同学本学期成绩总分是 500 分，这本身并不能说明什么，但只要采用比较的方法，与他上学期的成绩相比，成绩提高了 180 分，与班内同学比，他由原来的全班倒数第一名进步到班内第二名。这样横向、纵向一比，就能让人一目了然，一听就懂。

（4）要坚持"两分法""两点论"看问题

用事实说话，不能只讲成绩不讲问题，只讲优点不讲缺点。报喜不报忧，只讲"过五关斩六将"，不讲"走麦城"。班内存在这样或那样的问题和缺陷，本属正常，如实汇报本班的缺陷和问题，可以得到班主任的帮助和指导，从而获得解决问题、改正缺点的明确指示，问题和缺点就会尽快转化为成绩和优点。

2. 表述要清楚明白，准确而生动

汇报是通过语言来进行的。但同样一个情况，一件事情，可以这样来表达，也可以那样来表达，这就有个语言表达的技巧性的问题。正确使用语言，就能使汇报内容表达得全面、准确、鲜明、生动，具有说服力、感染力。既能使班主任对本班的情况得以了解和理解，又能取得班主任的重视、指导和帮助。如果在汇报中语言枯燥无味，言之无物，翻来覆去总是那么几句话，词不达意，不仅把班中情况说不清道不明，还会令人倒胃口。因此，班干部在汇报中，要学会用"语言"说话，形成自己独特的语言表达风格，使班主任对所汇报的内容能产生一种"身临其境"之感。

（1）开场白要恰如其分

汇报的开头是整个汇报的"序幕"。开头的语言，应该能给汇报对象留下良好的第一印象，应该引起班主任的极大兴趣，应该表现出班干部极具个性的语言表达能力。汇报的开场白，可以是以某一特殊事件为导引式的，可以是总概括结论式的，可以是引人思考设问式的，可以是直述表态式的，也可以是开门见山就进入正题式的。但无论用哪一种方式开头，目的都是为整个汇报垫平道路。要看班主任的意图、情绪、时间和环境气氛来确定汇报开头的方式和内容。开头语不能故弄玄虚，矫揉造作，给人以不实在、不认真的感觉，应尽量保持严肃而又欢快轻松的气氛。

（2）语言要做到大众化

班干部在汇报中要尽量使用口头语言和常用语言，大众化的语言既通俗易懂，又使人感到亲切自然，如在汇报中使用就能增强汇报内容的真实感和感染力。要运用班中同学经常使用或创造的反映学生特色的一些朴素的语言。即使其中有些语言并不十分确切、规范，但却体现了同学们的心声，体现了同学们的一种想法、一种情绪。在汇报中多采用这样的语言，班主任就能听到班内学生的心声，就能看清班中问题的本质所在，就能更好地了解班内现状，更好地指导班内工作。

（3）要用有自身特色的新鲜语言和新鲜观点

汇报是对本班工作情况的汇总和小结，要尽量少用一些老生常谈的语言、观点，要积极使用能反映自身特色的新鲜语言、新鲜观点。汇报的语言要体现出自身工作活动的实践性、创造性和特殊性，应该是本班工作实践活动情况的真实写照，要杜绝大话、空话、套话等不良现象。这比那些干巴巴的语言要生动、精彩得多，耐人寻味得多。汇报中的新鲜语言、新鲜观点，并不是到汇报时就能突然从脑子里跳跃出来的，主要靠在平时工作实践活动中总结提炼，要靠平时在同学当中调查、加工、吸收和深入体味。有创造性的思维、创造性的工作，平时有提炼、有积累，到汇报时才能有新鲜语言和新鲜观点，才能产生一种"余音绕梁"之感。

（4）层次分明地把问题论述清楚

汇报不能随心所欲地想到哪里说到哪里，随随便便地忽东忽西乱说一气，这样不可能把问题讲清楚。为了将班内情况阐述清楚，使班主任听得明白，汇报时要层次分明，一步一步地往下深入，一个问题一个问题地说完整。整个汇报分出几个大的层次，每个大层次又分几个小层次展开讲。这样每个层次都是一个专门的问题，便于说清楚讲透彻。同时，各个层次、各个问题又都既相区别又相联系，从不同的侧面阐述并突出了主题，从而勾画出了班级完整的工作全貌。汇报中层次分明，要注意不要前后重复，不要前后矛盾，不要前后脱钩。要互相衔接，互相衬托，互相照应。

（5）汇报内容要根据班主任的反应随时调整

班主任的工作着眼点和侧重点是有一定的倾向性和习惯性的。在听取汇报时必然会对汇报的内容表现出一定的情绪反应。如果班主任听得比较认真，兴致比较高，不停地做记录，时而插话提问，时而点头微笑，就说明对汇报比较满意，这时就可以放开讲，讲得更具体生动一些。如果班主任不停地摇头、皱眉头、摆弄手中的笔，有不耐烦的现象，就说明班主任对汇报的内容不满意，这时就应尽快结束所谈的话题，迅速转换其他的话题和内容。如能激起班主任的兴趣和注意，可继续汇报下去，否则，就应尽快结束汇报，恳请班主任指示。在中间调整汇报内容，要考虑班主任的需求。有的班主任喜欢看门见山直接谈正题，有的班主任喜欢直接听结果而不愿听过程，有的喜欢听结论而不喜欢听证据，有的喜欢简明扼要；有时班主任喜欢详细全面，有时喜欢只听重点内容等。这就要求班干部在汇报中要观察班主任的反应，从中揣摩班主任听汇报的习惯和特点，力图按班主任的需求来调整汇报内容，尽量能按其所需求的内容汇报。要杜绝像和尚念经那样的汇报，不管班主任有无兴趣，只按准备的内容一点也不变地讲下去，这是很不好的。

（6）结束语要言简意赅

汇报的结束语要短而精，铿锵有力。既可以是对整个汇报内容的高度概括，也可以是再度重申急需班主任帮助解决的困难和问题；既可以是对班主任关心的衷心感谢，也可以是代表班内同学表态表决心；既可以是提出新的主攻方向和奋斗目标，也可以是对今后工作的设想和打算；既可以是请求班主任帮助，也可以是对出现的问题主动地承担责任。总之，结尾要体现出奋发向上、努力拼搏、志在必得、继续前进的决心、气魄和勇气，给自己和班主任以极大的鼓舞。结尾要简洁明快，话语不宜多，语意要深远。那种与主题内容无关的话、引不起心理震荡的话、不合时宜的套话，都应当统统割弃，当断则断，当止则止，以富有激情的豪迈话语来结束汇报。

3. 力求留下良好形象

班干部向班主任汇报班内工作情况，不是一种个人行为，而是以班委会或全班同学的身份表现的一种职务行为。班干部代表全班同学向班主任汇报工作，从一定意义上讲，班干部的形象也就是班集体的形象。因此，在汇报中一定要以自身的精神、品质、胆识、素质、能力和独特的思维方式、思想观念来表现出不同凡响的良好形象，用形象来说明问题。

进行汇报后的反思

工作汇报是班干部的职务行为，汇报完毕不应是一了了之，而应进行深刻的反思，从而产生发扬成绩、修正错误、推进工作的积极效果，使之成为班集体实现新一轮全面发展的起点。那种工作汇报之后就高枕无忧甚至扬扬自得、孤芳自赏的情绪，实际上正是工作走下坡路的开端。因而要借向班主任汇报工作的机会，进一步调动全班同学的积极性，把班级的全面建设推向新的高度。

1. 对汇报内容进行反思，对各项工作进行检查

班干部在工作汇报结束之后，要冷静地把汇报的内容进行反思。要考虑所汇报的工作情况是不是全面、准确、恰如其分，成绩有没有讲过头，缺点、错误和问题是不是都找准了、想到了，有没有"缺剩漏"的情况，还有什么阻碍班级发展的问题没有认识到。在反思的基础上，应该组织班内同学对班里的各项工作进行一次全面的检查，着重查找工作上存在的问题和漏洞，特别是要认真查寻一直影响和制约班级快步发展的习惯性的问题。务必坚持各项工作要求的高标准，要打破"只求过得去，不求做得精""只顾眼前，不管长远""只图短期见效，不重打牢基础"的低标准思维定势。坚持高标准，才能找到问题；坚持高标准，才能改正问题；坚持高标准，才能真正加快班集体的建设步伐。

2. 接受班主任指导，制定整改措施

一般来讲，班主任听取工作汇报后会作明确指示，有一个明确的态度。班干部要认真研究班主任在听取汇报之后所作的指示和在检查工作过程中所提出的指导意见。要全面、深刻、透彻地理解、消化班主任的意图，转化为具体行动。班主任由于站在全局的高度，接触面广，了解情况比较全面，因而经验要相对丰富得多，对问题要看得透彻一些，对班级建设的规律性要认识得更深刻一些，因而作的指示、提的要求、出的点子、想的办法、进行的批评表扬就更加切合实际，就更具有针对性、指导性。因此，要善于从班主任的指示中发现自身工作的薄弱点和突破口，从而加大工作力度，把劣势转化为优势。对于班主任的指示，不仅要遵照落实，而且要认真体会，融会贯通，领会班主任的思维方式和工作技巧，从中受到启迪和教益，以提高班级

建设的能力和工作艺术，以班主任之长补自身之短，以班主任之经验补自身之缺陷。在完整深刻地理解领会班主任指示精神的基础上，要制定出加强班级建设的整改措施，并尽快地贯彻落实好，切实做出成绩来。

班干部如何领导本班同学

协调好班内同学关系

协调能力提高的障碍

所谓人际关系协调，即通过满足人们的需要，调节人与人之间情感上的差别，缩短彼此心理上的距离，使之建立良好、亲密融洽的感情或心理关系。班干部在实际学习、生活、工作中，能否与同学建立起良好的人际关系，将会直接影响其工作的效果。而避免人际认知偏差或偏见，是协调人际关系的前提。人际认知活动是一种特殊的认知活动，比一般认知活动更易受个体的需要、动机、心理发展水平以及生活经验和认知实践的影响，可能产生各种错觉和幻觉，导致认知偏差或偏见，成为班干部协调人际关系的障碍。那么，常见的影响班干部协调能力提高的障碍有哪些呢?

1. 以己度人

以己度人又称自我投射，是指人们把自己的特征、爱好、情感、愿望投射到认知对象身上，产生认知幻觉，作出不合实际的评价。其特点是从自我出发认知他人，抹杀或混淆了自我与他人、主观与客观的区别，以主观统摄客观，将他人归结为自我。这种以自我为中心的认知态度和方式是极其有害的。为了客观而准确地认知他人，我们要尽量减少自我投射作用的干扰。人们常常用"以小人之心度君子之腹"来表达对自我投射效应的厌恶。

2. 晕轮效应

晕轮效应又称光环效应，是 20 世纪 20 年代，由美国著名心理学家桑戴克提出的。桑戴克认为，人们对人的认知和判断往往只从局部出发，经扩散而得出整体印象，以偏概全，好像夜晚刮风之前，天空中月亮周围的大圆环（月晕）是月亮光的扩大化一样。这是对别人认知和评价的一种偏差倾向。

晕轮效应有正负两种。正效应是从认知对象某种积极、肯定、良好的印象推导想象出对象的其他长处，对它作肯定评价。古人所谓"记得绿罗裙，处处怜芳草"就是晕轮正效应的结果。负效应则是从认知对象某方面短处着眼而推导出其他方面的缺点，于是作出否定判断。例如，看到某人顽皮，而推导出他不诚实等，从而得出他不是好同学的结论。虽然人的外显行为与内在思想、动机，或人的外在服饰同内在心理是有联系的，而且，人的性格的各个方面及人格结构的品质之间具有内在的联系，人际认知中某些"由表及里，由此及彼"的推测，不能说全部是错误的，但晕轮效应的最大失误就在于以偏概全。从认知理论出发，晕轮效应仅仅抓住了事物的个别特征，就草率匆忙地对事物的本质或全部特征下结论，这是不可取的。晕轮效应往往导致歪曲认知对象的整体形象与内在品质，造成对他人片面的不正确的判断和评价，阻碍人与人之间的正常交往。

3. 个人成见

个人成见在心理学上被称为社会刻板印象，也称社会定型或社会成见，是指人们对属于不同类型的人所持的固定看法。俗语"一朝被蛇咬，十年怕井绳"就是典型的社会刻板印象。在人际交往、人际认知中，人们常常按照预想的类型，根据不同的特点（如年龄、性别、民族、身高、相貌等）进行归类，然后，对每一类人套上自己头脑中固定的看法，以此作为判断某人的依据。个人成见一般不合乎实际，它往往过分强调"类"的特性而忽视个性，从而得出比较片面的结论。如认为女同学不如男同学聪明就是个人成见在作怪。

4. 心理定势

所谓心理定势，是指人在认知特定对象时，心理上的准备状态。人们在对人的认知和评价时，往往会受心理定势的影响，即以主观倾向性解释客观信息，因而使对人的认知带上一定的主观色彩。

心理定势体现在人的认知习惯、情绪和心境中。人们在认知他人时，习惯于根据自己以往经验来理解与认识，或按自己主观想象来解释。比如，在人际交往中，由于对象跟自己以前交往经验中某人在外表上相似，就认为对象也具有经验中某人同样的性格、脾气，乃至有同样水平的德识才学。或者自己心境好时，看他人的优点较多；心境不好时，则看他人的缺点较多。心理定势还表现为"先入为主"的观念。人们对认知对象的认识不在交往时形成，而是仅凭舆论或档案过早下结论，或凭空臆造，乃至歪曲信息来迎合主观想象，往往生出认知对象本身并不存在的东西。心理定势效应常常也会造成对人认知的偏差或评价的失误，成为人际认知障碍。

班干部在实际工作中，必须避免上述人际认知偏差或偏见，形成正确的人际认知，才能很好地协调人际关系。

协调能力差的原因

班干部之所以在协调班内同学关系中遇到障碍，表现出协调能力很差的根本原因就在于其错误的归因，具体表现在以下几点：

1. 个人利益至上

一般来讲，他人行为在涉及个人利益时，会较多地作内归因。有实验

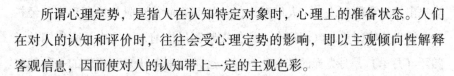

证明，当团体中失败者的行为结果可能损害其他成员利益时，其他人员就对他作出个人倾向的内归因。比如，班长将学习委员组织辩论赛时出现的失误归结为学习委员协调能力、组织能力较差，以避免自己承担相应的责任等。

2. 成功作内归因，失败作外归因

在一般情况下，人们常常对成功作内归因，失败作外归因。也就是说成功属于自己，失败属于别人。其表现为班干部在组织某项活动之后，若活动成功了，往往归结为自己组织得力、策划有方；若失败了，则容易归结为外部环境的因素，如天气不好、设备不行等。内部人际关系不和谐时，常常归结为他人素质不好、有人挑拨离间等；人际交往不顺利时，常归结为对方不真诚；等等。

3. "胳膊肘往里拐"

在认知过程中，人们对认知对象的归因常受感情支配而造成偏差。有的班干部在协调人际关系时，常常把与自己关系好的人的成绩作内归因，称赞是他努力的结果，对他的失败作外归因；反之，与自己关系不好的人，又往往把他的成绩作外归因，把其缺点错误作内归因。对同学之间的人际矛盾进行归因时，常会把原因归结为同自己关系不好的一方，称其为"胳臂肘往里拐"。

班干部在实际工作中，应尽量避免人际归因的偏差，归因应尽量公平公正，从而更好地达到提高人际协调能力的目的。

提高协调能力的方法

努力提高人际协调能力是班干部协调班内同学关系的前提，班干部要具备协调人际关系的素养，需要注意以下几个方面：

1. 培养健康个性心理

"心底无私天地宽"。在交往中，具有良好思想品质，心底坦荡、光明

磊落的人，或态度诚恳、作风踏实的人，别人乐于与之交往，也容易形成和谐的人际关系。因此，从性格、气质、态度、情绪等个性诸方面练好内功，即培养健康的个性心理，无疑是消除人际关系障碍，建立良好人际关系的先决条件。班干部只有自己具备健康的个性心理，让同学乐于与自己交往，才能善于人际协调。

2. 相信和尊重他人

相信自己，也要相信别人。如果一个班干部对人、对事总是猜疑心重，老想到的是对方是不是在算计自己，就必然会影响到对方的诚意。一个没有诚意与别人交往的人，一个不懂得尊重别人的人，很难与别人建立良好的人际关系。对于班干部而言，信任和尊重对于建立良好的人际关系也许不是万能的，但要想建立良好的人际关系，没有信任与尊重，却是万万不能的。

3. 以真诚待人

"真善美"三字，"真"字为首。在对待人际关系问题上，尤其需要"真"。也就是与对方相交要真心，不能虚情假意；表达自己的意见和态度要真诚，不可"绕弯弯"；对对方的意见或感受要敢于真实表达，讲真话、说实情。这样做，有时不一定都会有很好的效果，甚至还可能由于讲真话、说实话而"得罪人"，但从长远讲，唯有如此，班干部才能最终为同学们所理解和肯定，从而建立起真正良好的人际关系。

4. 严以律己，宽以待人

"严以律己，宽以待人"这种态度包括待人处事要抱有一种宽容的态度，而不苛求于人；以高度重视的态度来处理交往关系中双方的差距，以一种与人为善、助人为乐的态度来建立人际关系。这样，很多障碍因素就容易消除，人际关系的和谐也更容易成为现实。

5. 不断提高知识、经验水平

既不能自己看不起自己，又不能自高自大，目中无人。班干部虽说具备一定的知识水平，但实践经验大都明显不足。由于人际交往的深度与和谐会受知识、经验水平差距的制约和影响，因此，要想与周围的同学或其他干部良好沟通并建立融洽的人际关系，班干部需要不断提高自己的知识、经验水平。否则，就会因为长久的踏步不前，而在高水平的同学和学生干部面前妄自菲薄，不利交往；或者在与水平不如自己的同学和学生干部交往时，妄自尊大，形成交往障碍，不利于良好人际关系的建立。

6. 创建良好的组织氛围

建立良好的班组织氛围，是协调人际关系的保证。善于创造良好的环境气氛，往往会促进班集体中的所有同学的相互交流，从而有助于良好人际关系的建立。善于创造良好环境气氛的关键是要注意倡导一种健康、向上、民主、平等的良好风气。在这种风气的影响下，班内每个成员都能够从相互交往中获益，或大家都身心愉快，或彼此增进了解，或相互取长补短，才能减少误会。这样的环境气氛有助于班内成员之间形成团结和谐的关系，从而建立起一个良好、融洽的班集体。

正确激励班内同学

激励的方法是指利用满足同学心理、精神和物质方面的某种需要来激发同学的动机，发掘同学内在潜力，开发同学能力的一种管理工作方法。人只有在受到信任、激发和鼓励的情况下，才能发挥最大的积极性、主动性和创造性，才能产生最佳的工作成绩。班干部激励同学的方法主要有以下几种：

目标激励法

目标激励法是用一个振奋人心、切实可行的奋斗目标来激发和鼓励同学们努力学习和工作的方法。制定目标有如下四点要求：

首先要切实可行，目标过高会使人感到可望而不可即，不切合实际；目标必须恰到好处，能够催人奋进，千方百计努力争取实现。另一方面，目标过低，实现起来轻而易举，完全不可能起到激励作用。其次，要广泛深入地宣传，激发同学为实现目标增强责任感和自豪感。再次，要把目标与同学的实际联系起来，使每个人懂得实现目标的具体途径。最后，要将目标与同学个人的切身利益联系起来，使其为目标的实现而更加努力。

支持激励法

所谓支持激励法，又称表彰表扬法。就是对同学中涌现的好人好事、积极性和创造性精神等及时给予肯定、支持和表彰。如在同学中评选表彰优秀团员和班内各项活动积极分子等；在同学遇到困难的时候，要主动热情地帮助解决。及时对同学中好的方面给予支持、肯定和表彰，就可以使好的思想、品德、作风得到公认，使其产生光荣感和自豪感，激励更多的人不断上进。

物质激励法

物质激励法是通过满足同学某种物质需要，激发和鼓励他们采取积极行动的方法。一般是向成绩突出、贡献较大的班级或同学发放一定数量的奖金或实物，以示表彰和鼓励。对于学校来说，主要是对争得学校的"优秀班集体"或"××流动红旗"等荣誉称号的班级予以一定物质奖励；对于班级来说，可以向为班级争得集体荣誉的同学或某项或某几项表现突出的同学予以一定的物质奖励。

物质激励法要体现三点：

第一，合理性。奖励要同成绩和能力相称，拉开档次，不搞人人有份或平均主义。

第二，公开性。奖励应公开进行，使每个人都能把握自己努力的结果与获奖之间的联系或差异。

第三，结合性，即把物质奖励同精神奖励结合起来，使之配合得当，相得益彰，以内化物质激励为精神力量。

情感激励法

情感激励法是通过满足同学共同需要的情感，以激发和鼓励他们积极行动的方法。人们的认识和行为，都是在一定的情感驱使下完成的。积极的情感可焕发出惊人的力量，而消极的情感则会妨碍进取。情感是人的行为最直接的激励因素。如信任、支持、民主、关怀、尊重等等，都可以赢得人们之间的信赖、接近和交流。对于班干部来说，如果能激发起同学们的集体荣誉感和班级责任感，是一种比什么都重要的巨大力量，它可大大推动工作的进程，并促进工作质量的提高。

榜样激励法

人们常说，榜样的力量是无穷的。榜样给同学们提供一个效仿的对象，只要同学们对榜样心悦诚服，就能引起他们感情上的共鸣，给他们以鼓舞、教育和鞭策，激发起"比学赶帮超"的热情，进而修正自己的言行，向先进靠拢。

班干部在给同学们树立榜样时要注意以下三点：

第一，要广泛征求同学们的意见，对榜样的宣传要实事求是，不要故意拔高。

第二，要教育同学们端正对榜样的认识，金无足赤，人无完人。明确榜样并非完人，同样也有缺点，关键是要向他们学习好的思想行为。

第三，在宣传榜样事迹时，要着重宣传其形成条件，指出学习或超过榜样的可能性。

另外，班干部还可通过自己的示范行为来激发和鼓励周围同学的积极性。班干部应以自己的模范行为去感染周围同学，激励他们，带领他们，为完成共同的目标而努力奋斗。

负向激励法

奖励与惩罚是激励的两种不同形式。班干部在激励同学时，除了运用奖励之外，还应当把奖励和惩罚有机地结合起来。只罚不奖，不仅不能激励先进，而且使后进感到无望，也不能对后进起激励作用；只奖不罚，不仅不能激励后进，而且也不能激励先进。奖励和惩罚二者不能偏废，只有很好地结合起来才能充分起到激励作用。

惩罚是对人的某种行为的否定、批评和惩处，是一种负向激励，其目的在于纠正和消除这种错误行为，以教育或挽救犯错误者及教育其他同学。班干部在对同学进行惩罚时，可采取口头批评、书面通报批评等方式，或者通过表扬他人，从而达到批评的目的。

进行惩罚时必须注意以下几方面：

第一，分清错误性质，考虑是否必须惩处。

第二，调查同学犯错误的原因、动机和目的，划清从轻从重的界限。

第三，根据认识错误的程度和态度，惩处宜宽不宜严，立足于通过批评、教育，帮助同学改正错误。

第四，慎重选用惩罚方法，如口头的或书面的，公开的或小范围的等。

第五，可适当借助教师等的权威实施对他人的惩罚，以增强惩罚的效果。

总之，惩罚必须坚持严肃认真的原则，做到事实清楚，证据确凿，定性准确，处分得当。惩罚得当，才能变消极因素为积极因素，真正起到激励作用。

班内同学按思想品德、学习成绩可划分为优秀生、中等生、后进生三种层次，班干部要根据不同层次同学的不同特点，采取不同的针对性措施，从而调动起各层次同学的积极性，带动全班同学向优秀班集体的目标迈进。

调动优秀生的积极性

优秀生的界定

优秀生是指那些思想品德、学习成绩及其他各方面都表现比较好的学生。优秀生一般都具有下列一些特征：

1. 拥有健康人格

他们在人前人后、校内校外表现一个样，他们能够随时随地自觉地按集体的规范进行自我塑造和自我完善。

2. 拥有积极向上的生活态度

凡是优秀生都应有积极的生活态度，如热爱生活，珍视自己的价值，主动承担社会责任等。

3. 拥有和谐协调的人际关系

他们尊重对方，重视友情，对人以诚相待，当别人有困难时热情帮助。他们宽容大度，不计人过。总之，优秀生在待人处事方面始终恪守"温、良、恭、俭、让"的原则，因而能同周围的人建立起和谐协调的人际关系。

4. 拥有强烈的求知欲望

强烈的求知欲望也是优秀生最显著的特征之一。古往今来，概莫能外。谁也不曾听说过一个没有求知欲望的人成为优秀生，并在今后的生活中对人民有所贡献。求知欲是一种力求认识世界、渴望获得文化科学知识和不断追求真理，并带有顽强热烈的情绪色彩的意向活动。求知欲是一种巨大的精神力量，它使人们在学习的过程中有勇气克服一切困难和挫折，百折不挠地去探求成功之路。

5. 拥有敢于进取的创造精神

创造精神是指一个人随着知识的不断积累和才干的不断增长，逐渐壮大起来发明、发现某种具有社会价值的新理论、新事物、新方法的能力。优秀生普遍表现出来的那种不畏艰难、顽强进取的态度和行为，就是这种创造精神的体现。当今的优秀生，他们好奇好问，什么事都想知道，都要问个清楚明白；他们喜欢思考，不满足于"知其然"，还喜欢探究"其所以然"；他们充满幻想，不只是爱动脑，还喜欢动手做，乐意在实践中增长才干。

6. 拥有发育正常的体质体能

正常发育的体质体能表现在以下六个方面：

（1）对外界环境有较强的适应能力和抵抗疾病的能力。

（2）有耐力，能较长时间地持续承担学习任务，能保持注意力的高度集中。

（3）大脑的兴奋性强，接受新事物快，分析、理解、判断力强，对新鲜事物特别敏感，能举一反三，触类旁通。

（4）耳聪目明，辨音能力强，能准确地由音及义，能敏锐地观察事物，把握本质。

（5）情绪稳定，有较强的自我调节能力，经常保持安详、愉快和自信，不暴怒。

（6）行动快速、灵敏、协调，在单位时间里，在各种复杂的条件下，能迅速完成某一动作，表现出快速、灵敏、协调的活动能力。

优秀生对班级建设的作用

"领头羊""领头雁"的作用是一带一大片。每班都有优秀生，尽管优秀生的人数不多，但是他们所起的作用是非常重要的。因为优秀生往往是班上的骨干，是教师的主要表扬对象，"管"别人的机会多，无形中在一般同学的心中成为榜样和权威，其行为具有一定的吸引力。那些好的思想、表现将带动一片，出色的成绩甚至会引起轰动性效应。但是，如果班干部不注意调动这些优秀生的积极性，也会产生一些不良影响。例如，有些优秀生由于在班里处处"拔尖"，自然而然地就产生了"比别人高出一等"的骄傲情绪，有同学向他们请教问题时，他们在开始的时候会指点指点，如果问问题的同学仍不明白，他们就会很不耐烦地说"真笨，我不管了"之类的话；特别是一些优秀学生因为作文比赛、智力竞赛或是哪篇文章被某个刊物登载，或者在校、区、市获奖后，便表现出不可一世的态度，使集体中大多数同学觉得他们很难接近，而他们自己也会觉得和这些同学接近不接近是无所谓的事情，从而逐步形成了他们骄傲自大、目中无人的不良性格。长此以往，班内的团结就会受到影响。

调动优秀生的积极性的具体方法

班干部可参照下列方法调动优秀生的积极性：

1. 在班集体中建立优秀生和中等生、优秀生和后进生的互帮小组

建立互帮小组，有以下几大好处：

（1）优秀生在给中等生或后进生讲解知识时，本身对优秀生也是一个巩固和提高。

（2）优秀生在与中等生、后进生进行接触时，也可以发现这些学生身上的长处，学习他们的优点，有利于优秀生克服骄傲自满的情绪。

（3）可以加强优秀生与中等生、优秀生与后进生之间的友谊，加强同学之间的团结。

2. 建立优秀生信息库，储备优秀生信息

一方面，搜集本班优秀生听课、作业、考试的材料；另一方面，多方搜集外班优秀生的材料，通过反复对比，使优秀生在横向上做到有自知之

明；还可以翻开校史，仔细搜集本校以往各届优秀生在读同年级时的资料，编出一个纵向的参照系数。通过横向纵向的信息比较，使优秀生对自己有一个全面的认识，从而做出相应的积极反应。

3. 创立优秀生群体，培养优秀生气氛

跨越班级界线，在老师的帮助下组织全年级乃至全校的优秀生，多方开展活动，谈理想、谈学习体会，讨论学习方法，从而在思想基础好、积极要求进步的环境中，通过教师引导，使优秀生受到深层次熏陶，这样就避免了出现优秀生因"后无来者"而动摇或停滞不前的现象。

调动中等生的积极性

中等生界定

中等生，有人又称他们为中间生，是介于优秀生与后进生之间的一个群体。这层的学生人数是非常多的。中等生是后进生的"预备队"，也是优秀生的"后备军"。因此，做好他们的工作是班干部做好班级工作的重要一环。

中等生有以下四个特点：

1. 渴求进步

一部分中等生智力中等，但学习刻苦，自尊心强。他们通常羡慕优秀生的成绩，希望得到老师、同学的信赖，有表现自己才能与智慧的要求。

2. 满足现状

一部分中等生思想上缺乏远大理想和进取心，行动上故步自封，学习起来信心不足，在取得好成绩时炫耀；考不好时，会自我安慰："某某还不如我呢!"

3. 欲进畏难

一部分中等生缺乏必胜心理，缺乏克服困难的毅力，不能经受失败的考验，波动性大。学习劲头在某种情况下比优秀生还强烈，但不能持久，想努力学习，但又懒于刻苦钻研，在竞争中想胜，但又怕花力气。

4. 性格怯懦

一部分中等生怕"出头露面"，日常少言寡语，习惯对周围的一切持观望态度。课堂上习惯听别人回答，不愿在他人前面表达自己的看法。

中等生对班集体建设的作用

作为班干部，一定要重视调动中等生的积极性，他们发挥的作用有如下几个方面：

第一，在一个班集体中，中等生所占的比例相当大，一般在50%左右，有的还可能更多一些。要想把一个班集体带好、抓好，就要力争做到把中等生转化为中坚力量。这部分学生的进步成长，可以推动整个集体向前迈进。

第二，中等生对班集体建设起着巨大的推动作用。中等生只是指学习成绩处于中等水平的学生，但中等生中不乏在学习之外的其他领域内表现优秀甚至超常的人才。如果这些中等生的长处发挥出来，会对班集体建设大有益处。

第三，中等生并不是永远不变的，他们"可上可下"。在某种特殊的条件下，或在特定的环境中，他们常常会成为学习、劳动、纪律等方面的"黑马"。因此，作为班干部要协助班主任调动这部分学生的积极性，做好对他们的促进工作。

调动中等生的积极性的具体方法

班干部可参照以下方法，调动中等生的积极性：

1. 利用中等生的长处，合理地为他们安排工作，促使他们向好的方向转化

在某学校初二（1）班中，有一名叫马晓婷的同学，曾是个在各方面表现一般的学生，一度因追求穿衣打扮，使学习成绩下降。但她有一个特点：待人热情，肯为集体工作，不计较个人得失。于是，班委会成员一致协商，让马晓婷同学担任班里的卫生委员，协助生活委员的工作。从接受工作那天起，她就觉得自己身为班干部，不应再这样混下去了。而且，老师、同学对她如此信任，就应该把工作做好，把学习成绩赶上去，经过一段时间的努力，马晓婷同学果然以新的面貌出现在同学面前。在老师的继续教育下，在同学们的热情帮助下，马晓婷同学有了很大的进步。一年后，她光荣地加入了共青团。

2. 吸收中等生参加班集体的管理工作

某学校初一（2）班的班委会在班集体中实行了两项学生管理集体的活动：干部定期轮换制和"二日班主任"工作制。这两项活动的开展对中等生来说无疑是提供了大显身手的好机会。在工作中，通过开展这两项活动，使班里的学生得到了不同程度的锻炼。在他们担任班干部和"班主任"期间，他们忘掉羞怯，抛弃以往的沉默，锻炼得开朗自信。从不会管理到学会管理，无形中使他们看到自己的能力，增强了他们的自信心。一些刚刚被换下去的班干部和"班主任"学生说："真想再干一段时间。""下一次再轮到我，我一定会比这一次干得更出色。"在担任职务期间，由于要管理班里各方面的事务，所以中等生自己在各方面有出色的表现方能说服他人，这也无形中督促了学生的上进心和学习自觉性。同学们对他们的注意力也随之增强。这些来自外部的推动力和他本人塑造自我的愿望相吻合，从而使他们的才能得到了培养和发挥，他们自身中原有的积极因素也被调动起来了。

3. 分析原因，力争上游

在平时，班干部们要帮助这些学生分析处于中游的原因，指出他们在

思想上、学习上的努力方向。

4. 互帮互助，共同进步

在班委会班干部的组织下，让优秀生和中等生结成互帮小组，并在中等生中开展以"议一议，我又学到了什么"为主题的活动，让中等生有比较、有榜样，有一个良好的竞争环境。

调动后进生的积极性

后进生的界定

后进生，有的是学习上落后，纪律上松散；有的作风上懒散，思想上不求进取等，跟不上集体前进的步伐。凡是后进生，大都不同程度地具有以下一些特点。班干部要了解这些特点，以便有针对性地帮助后进生改正缺点，取得进步。

1. 自尊心强

他们不愿意教师当众对他们进行批评、训斥，也不能容忍其他同学瞧不起他们。

2. 任性、自制力差

思想、行为带有明显的情绪化，情绪变化大，意志薄弱，缺乏自控能力，反复不定，极易被外界的不良诱惑所支配。

3. 知识基础较差，是非观念淡薄

如在行为方式上把包庇同学的过错，帮助同学作弊视为够朋友、讲义气。

4. 喜群好斗，损人利己

后进生一般喜欢和与他们年龄接近、兴趣相同的"哥们儿""姐们儿"待在一起。他们怕孤立，爱讲肝胆义气。多数男同学还逞能好斗，常常为一些鸡毛蒜皮的小事而大动干戈。有些人利己思想严重，常常把自己的快乐建立在他人的痛苦之上。

5. 报复心强

后进生容不得相反意见，遇到什么挫折或吃了一点亏，就非报复不可，往往使矛盾扩大化、激烈化。

6. 自卑感很强

他们常常认为："反正已经这样了，谁也不会关心我们、帮助我们，就这样混吧！"

后进生虽人数不多，但影响很大，如果教育不当，就会扰乱整个班级。作为班干部要认真做好这些人的工作。

调动后进生的积极性的具体方法

对于后进生身上具有的缺点，班干部应如何对待，如何引导教育，将直接影响到后进生的成长，影响到整个集体的前进步伐。在教育后进生这个问题上，班干部要注意以下几点：

1. 正确认识后进生

首先，要认识到后进生的形成有其具体原因，有的是由于家庭原因造成的，如家长每天晚上吃喝赌博，学生没有复习、做作业的必要条件，久而久之，学习成绩一直在班里最后。有的是由学校，甚至是由教师和班干部本身所造成的，有的则是受到社会上不良环境的影响等。只有当班干部进行深入了解，探明后进生形成的原因后，才不会对后进生产生厌烦情绪，反而会产生一种帮助后进生、保护后进生的责任感。

其次，要认识到后进生不是一天两天形成的，因此，不可能立刻完全改变他原来的缺点与不足。有了这个认识，才能珍视后进生的点滴进步，才能对后进生缺点的反复有足够的思想准备。千万不能给他们过早地下这样的定论："某某同学天生的榆木脑袋""江山易改，秉性难移"。须知，后进生的"后进"有一个过程，"冰冻三尺非一日之寒"。因此，对他们的转化也需要一个过程，融三尺之冰也绝非一日之暖。

再次，认识到后进生改正错误、缺点最需要的是班内同学的友爱、信任和尊重。

最后，要认识到教育好后进生需要班集体的力量。一个充满爱心、拼搏向上的集体常能帮助后进生主动改正错误和缺点。

2. 找寻后进生的闪光点

每个学生都有优缺点，在后进生身上，缺点往往多一些，显得突出一点，优点可能少一些，甚至显不出来。作为班干部，千万不能"哪壶不开提哪壶"，整天专盯着后进生的缺点，陷在解决问题的事务堆里，而要善于发现长处，扬其长，避其短，争取帮助的主动权。

一个人，当他的人格被他人尊重时，便会产生一种积极性，这种积极性会使其以顽强的力量完成各项任务。所以，班干部们一定要牢记这一点：一次机会，可能会改变一个人一生的命运。哪怕是一点小小的突破，对于转变一名后进生也是非常重要的。它的重要性不仅仅在于这一点突破，更重要的是，它可能带来一连串的突破，整体的突破，可以使后进生由此体验到尊严与幸福，树立起对未来的必胜信心。

一位优秀教师曾经指出："在犯错误的学生面前，困难的不是批评，不是指责，更不是数落他的一系列错误，而是找出他的错误的对立面、长处，只有找到了长处，才算找到了错误的克星，才算帮他找到了战胜错误的信心的根据地。""他的自信心根植于'长处'的土壤中，一点点地成长起来。"

天津市某初三（3）班的班委会针对学生自我认识不足，只注意自己的短处这一问题，专门设计了一个"闪光盘"，让学生们填写其闪光点。这个"闪光盘"上标有德、智、体、美、劳等各个方面，各个方面中又标有各项具体内容，如美育包括唱歌、跳舞、书法、绘画、手工制作、服装设计等方面的内容。班干部们把班内同学填好的"闪光盘"挂在教室里，让同学们互相了解，互相学习。通过填写"闪光盘"，可以使每个学生都发现，原来自己身上也有这么多别人不知道的优点，自己曾经在许多方面都有过成功的体验，学生会感到自己并不是什么都不行的，而是有许多优点的，以此来增强自信心。

　　班干部一定要注意，对那些平时学习差的、自尊心总受挫的学生，应尽量让他们多想想，鼓励他们多填闪光点，哪怕是学会一件小制作，为父母做了一顿丰盛的饭菜都要填上，并给予宣传和鼓励。这个班的班委会还定期在班里举办"优点轰炸"活动。这个活动由班长组织，同学们集体参加，先由学生本人找优点，再由其他同学帮助他找自己未发现的优点，尽可能把优点"炸开"，让它放出光芒，并由班长记录下来，每次开展这项活动时，学生的积极性很高，连平时较自卑、很少发言的学生也能找出不少优点，发现自己的闪光点，树立了自信心。

　　3. 组织"一帮一"活动小组

　　"一帮一"活动小组，即"1＋1"互助组，由一名优秀生和一名后进生结对子，优帮差，优带差，最终达到共同进步的目的。这种互帮小组有两大优点：第一，教师教学生，学生有一种距离感，认为教师懂的我不一定能懂，而学生教学生有一种平等感，被教的学生想，他能懂的我也应该懂。这样会促使后进生去力争理解，力争进步。第二，有些后进生既不是智力差，也不是基础差，而是不努力，惰性大。现在有人来"一帮一"，不仅帮知识，更是帮他们树立勤奋的态度。

　　班干部在组织开展"一帮一"活动时，要注意以下几点：

　　第一，定人员。要选好帮助后进生的好同学，不要求多，但要求精，要选那些心理素质稳定、乐意助人的同学去帮助后进生。那些成绩出众但耐心不够，会讽刺挖苦后进生的学生，先不要让他去，以免"帮倒忙"。

第二，定策略。要教育帮助别人的好同学在帮的过程中，不要急于求成，要有耐心和信心，要讲究方法和技巧。

第三，定目标。因为被帮同学的学习水平参差不齐，所以帮的目标也各不相同，有的可要求在半学期达到及格水平，有的则要求达到 50 分就不错了，因为后者原来基础非常差。

第四，定时总结。班干部在一段时间后（一个月或一个学期）要对"一帮一"的成果进行总结，对取得进步的后进生要及时表扬，对在帮的工作中取得成绩的好同学更要表扬鼓励；好的"一帮一"经验要推广，使这项活动能长期坚持下去。

4. 为后进生"精神充电"

据介绍，日本有一所举世无双的"鼓气学校"，设置的课程十分特别，学生每日数次走上大街高呼："我是最优秀的学生，我能取胜！我能取胜！我能取胜！"其目的就是要增强学生的自信心。我们也可以借鉴这种方法。虽然不可能让学生每日数次上街高喊，但班干部可在适时、适度的情况下，组织同学集体高呼："我有信心！我能取胜！"用集体的力量和乐观的情绪，相互感染，相互帮助，也不失为增强信心的一条有效途径。天津市某中学初二（3）班是全国优秀班集体，每天在刚一开始上课时，就有班干部带领同学们齐声高呼："我能成功！我能成功！我能成功！"同学们一致认为，"特别是全班同学齐声高呼时，有一个'群体效应'，大家相互竞争，互助感染，互相鼓舞，在这'我能成功'的声浪中，怯懦、紧张、疲劳和自卑的情绪常常被驱赶得无影无踪，尽管这些情绪过了一段时间还可能回来，但经常这样驱赶，自卑、紧张的情绪就少得多了。"在这个班里，有时候，自习课比较累了，有的同学便建议："咱们高呼几遍吧！"不用说呼什么，大家已心领神会，热烈赞成，一声令下，大家起身，昂首挺胸，吸足气，放声高呼："我能成功！"有的学生管这叫"精神充电"，也有的说"这是精神加油站"。

5. 要增强后进生的心理承受能力

开展系列活动，进行耐挫折训练，增强后进生心理承受能力。如定期开展"大家帮我解烦恼"活动，活动中让每位学生在纸上不记名写下困扰自己的烦恼，收集后，让每位同学扮演心理医生的角色，随机抽出一张烦恼卡，读完后帮"烦恼的主人"提出解除烦恼的"妙方"，最后由班干部总结并进行必要的心理指导。

6. 组织优秀学生给后进生介绍经验

会前，由同学们结合自己的情况，提出希望班上某某介绍某方面的经验，如学习经验交流会，由班干部主持，同学们先提希望和要求："某某，你学习上很有毅力，可我老是三分钟热度，虎头蛇尾，请你介绍一下自己是怎样坚持刻苦学习的。""我学英语没少花时间，但效果老不理想，请某某同学谈一谈你是怎么学好英语的。"针对同学们提的问题，优秀生介绍自己的认识体会和做法，现身说法，讲得实际，学得容易。

7. 主动让后进生参加集体活动

有的班干部认为，班上的后进生缺点多，有什么集体活动都不让他们参加，以此来惩罚他们，也有的班干部怕后进生在外面惹事，影响集体活动，也不愿让他们参加。其实，这种做法是非常错误的。要知道，在集体中，个人的权利和义务是一致的，不让后进生参加集体活动，结果只能使他们对集体不承担义务。在欢乐的集体活动时排斥他们，他们便会和集体疏远。不管后进生表现怎样，都要动员、支持他们参加各种集体活动。特别像春游、文艺晚会等活动，更要主动招呼他们参加，并且在活动中特别注意让他们玩得高兴，活动归活动，绝不在活动的时候谈他们的缺点。只有集体时时想着这些后进生，他们才会有尊重集体、服从集体要求的义务感。尽管他们一时还不能做好，但这种义务感却是他们接受教育、改正错误的不可缺少的基础。忽视这个基础，对后进生的教育是十分不利的。即使后进生在集体活动中出现问题，也可以变成教育他们的一个大好时机。

8. 重视后进生的新想法

任何学生，在新的开端，总有一些新的想法和打算，这些想法和打算带有积极上进的色彩，后进生也不例外。班干部要注意抓住这一时机，对他们进行帮助教育。总之，无数事实证明，只要教育得法，今天是后进生，明天就可能成为国家需要的人才。

上面谈到的优秀生、中等生、后进生，他们中的每个人都是集体中的个体，对他们进行有针对性的教育，可以壮大集体。集体壮大了，可以使我们集体中的个体更健康地成长。集体和个体二者是一致的。苏联教育家马卡连柯曾说："每当我们给个人一种影响的时候，而这种影响必定同时是给集体的一种影响。相反地，每当我们涉及集体的时候，同时也应当成为对于组成集体的每一个个体的教育。"他特别强调指出，教育个别学生与教育学生集体是同时进行的。教育的艺术，就要求经常地从个人转向集体，并从集体转向个人。因为教育了个别学生，同时也就教育了学生集体；个别学生品行习惯的好坏往往会给集体以巨大的或好或坏的影响。反之，对学生集体进行了教育，同时也就是对个别学生进行了教育；学生只有在坚强的、自觉的集体影响下才能真正成才。

在实践中，班干部应着重抓好集体，还应注重抓好个体。

很多优秀班干部的经验表明：如果所在的班是一个"乱班"，那么，一定要先抓整个班集体的建设，然后再去抓集体中的个体，否则，将乱了阵脚。这是因为：第一，优秀个体对集体建设固然有着重要作用，但无论从数量上，还是从能量上讲，个体的力量均比不上整个班集体的力量；第二，优秀个体对集体发挥作用的一个先决条件是两者产生共鸣，共鸣程度越高，个体作用发挥得便越大。共鸣程度越低，个体作用发挥得便越小。试想，一个乱哄哄的班，一个没有正确舆论和良好班风的班，如不加以治理，怎能只通过一个典型或几个典型来改变它呢？因为优秀的典型与乱哄哄的集体产生共鸣的基础太薄弱了。如果所在的班是一个较稳定的班，如何将其推向新的高度、新的水平呢？优秀班干部一般采取先从个体入手，以个体来带动整个班集体的建设。当一个新设想、新方案要在集体中实施时，要看集体的基础，集体稳定的状态。稳定的集体，一般先从优秀个体抓起，以点来带动集体这个面。混乱的班级则先从集体入手，然后再抓个体。总之，只有当优秀个体与优秀的集体产生共鸣时，才能取得教育的最佳实效。从这一点出发，适时地根据班级特点，努力创设产生共鸣的条件。集体与集体中的个体是相互联系、相互作用、相互促进的，集体是做好个体工作的基础，个体的工作则推动集体的建设，两者的完美结合就构成了优秀班干部的工作艺术。

轻松当好班干部

班干部如何建设班集体

　　班集体建设是班干部的主要功能。把一个班建设成为团结、健康、积极、向上的优秀班集体，不仅是班主任的责任，也是每一位班干部都必须认真思考的问题。班集体建设实际就是班集体文化建设。班集体文化是班的灵魂，是推动班发展的不竭动力。班集体文化是一个由核心层、中间层和外围层构成的多层次的生态系统，根据内容大致可以分为理念层、制度层、行为层、物质层，班集体文化的各个层面，是和谐统一、相互渗透的。班集体建设就是要加强各个层面的建设。

　　一般说来，班集体建设要做到：

1. 提高班集体凝聚力

　　班集体凝聚力也叫内聚力，是指班集体内成员之间及班集体对其成员的吸引力和向心力。班集体凝聚力是班集体心理的集中体现。班集体凝聚力强，表现为：有较强的向心力和吸引力，班集体活动的出席率高；有良好的班集体气氛，成员间有信息交流和情感沟通，班集体民主气氛好，彼此关系和谐；班集体成员有责任感，愿意承担班集体任务，关心并维护班集体利益和荣誉；班集体成员有安全感、归属感和自豪感，表现出较强的集体主义精神；班集体士气高昂。

　　一个班集体是否具有凝聚力以及凝聚力的强弱，取决于班集体本身以及它的处境。班干部要千方百计提高班集体的凝聚力，为此，要做到：

（1）目标整合

班集体是由不同个体组成的一个整体，整体有整体的目标，个体也有个体的目标，将两者的目标统一起来，保持一致，就称为目标整合。目标整合包括两个方面：对班集体来说，总目标应该包括和满足个体的需要和愿望，使个体目标在班集体内得以实现；对班集体学生来说，各个个体目标必须和整体目标一致，或趋向于统一。当整体目标和个体目标发生矛盾时，应以整体利益为重，修正个人目标，甚至牺牲个人目标以顾全大局。

（2）志趣相投

志趣相投是指学生在动机、理想、志向、信念、兴趣、爱好等方面基本一致。上述心理品质是个人行为的内在动力和个人积极性的源泉。志趣相投可以保证学生有相似的态度和价值观念，步调一致；可以使学生在班集体中获得最大的心理满足，从而增强班集体的凝聚力。

（3）心理相容

心理相容是指班集体中学生与学生，学生与班集体，班干部与学生，班干部之间的相互吸引、相互尊重、相互信任、相互支持、和睦相处。若不相容，则表现为相互排斥、相互猜疑、相互攻击、相互歧视。心理相容是班集体团结的基础，也是实现班集体目标的重要保证。心理相容可以为班集体活动提供积极乐观的心理氛围，使学生保持良好的心境，有利于学生主观能动性的发挥。

（4）互补

在一个班集体内，每个学生所扮演的角色不同，承担的工作任务不同，因而需要学生间取长补短、互助协作。如果学生在智力、性格、气质、性别等方面形成互补，则班集体将会形成人才辈出、生动活泼的局面，班集体的工作效率和战斗力将会大大加强，班集体的凝聚力也会随之提高。

（5）利用外界压力

许多实验和事实都说明，当班集体处于外界的压力下，班集体的凝聚力会大大提高。班干部要善于利用外界压力，多与其他班比较和竞争，从而提高本班的凝聚力。

2. 增强班集体意识

集体意识，也可以称为集体心理，是指存在于集体成员头脑中，并反映集体关系的共同心理与心理倾向。班集体意识一旦形成，就会呈现出一些普遍的特征：

（1）认同感

表现为学生对班集体目标和班集体规范有一致的认识，对与班集体有关的重大事件和原则问题有共同的认识和评价。

（2）归属感

学生对班集体在情感上的依赖，一般来说，学生对班集体的认同感越强，其归属感也就越强。学生所产生的"我们同属一个班，我们是一个整体"的观念就是归属感。

（3）排外意识

排外意识是指排斥其他班集体的意识。班集体具有相对独立性，学生具有整体意识，就必然在不同程度上产生排外意识。从心理上讲，学生往往把本班内的人当作"自己人"，而以怀疑的眼光看待班集体外的人。

（4）心理联动性

心理联动就是学生和学生之间心理状态的相互影响、相互作用。也就是我们通常所说的"心理连锁反应"，它是班集体意识的重要特征。

班干部要努力增强班集体意识，为此要做到：

1. 让学生产生安全感

集群性是人类的重要特征，或者说是人类的本性。只有结成班集体，才有力量，才能战胜环境，发展自己。学生只有在班集体中，通过与班集体其他成员的交往，才能获得支持和力量，从而摆脱孤独和恐惧，获得安全感，满足自身对安全的需要。

2. 让学生产生归属感

学生通过与班集体其他成员共同学习、共同生活，彼此产生强烈的依赖感，意识到我们是一个整体，我们要同呼吸、共命运，与班集体共荣辱。

3. 让学生产生力量感

当学生的行为符合班集体规范时，就会得到班集体的鼓励和支持，使学生从中获得力量，增强战胜困难、做好工作的勇气，从而充分发挥自身的潜能。

4. 让学生产生荣誉感

在班集体中，个人利益和班集体利益息息相关。个人的荣辱得失与班集体的荣辱得失紧密地联系在一起。当班集体取得荣誉时，个体就会产生集体荣誉感和自豪感。

5. 满足学生的尊重需要

学生在班集体中通过岗位分工，可以感到自身的价值，体会被别人需要的快乐，得到班集体的重视和他人的尊重，从而使学生自尊和被尊重的需要得到满足。

班集体理念建设

班集体理念是班集体管理、运行、发展的观念和指导思想。班集体建设的核心是班集体理念建设。

班集体精神建设

班集体精神是指根据本班的性质、任务、目标、时代要求和发展方向，经过精心培养而形成的本班成员的精神风貌。

班集体精神是班文化的核心，在整个班文化中起着支配的地位。班集体精神以价值观念为基础，以价值目标为动力，对班集体管理制度、道德风尚、团体意识和班集体形象起着决定性的作用。可以说，班集体精神是班的灵魂。

为便于学生识别、记忆，并激励自己，便于对外宣传，并形成个性鲜明的班集体形象，班集体精神通常用一些富有哲理、简单明了的语言来表达。如"一切依靠学生，一切为了学生，为了一切学生，为了学生的一切"，就充分体现了以学生为本的理念；如"做堂堂正正的中国人"，就充分体现了作为一个中国公民应当肩负的责任；如"好好学习，天天向上"是毛泽东对全中国学生的要求与期望，也是学校、班级的美好愿望，更是学生对自己的期待。

班集体精神是本班学生的观念意识和进取心的外化。班集体精神不能只是停留在口号或美丽的词句上，而是要落实在实际行动中，在实践活动中体现出来。班集体精神建设必须通过本班全体学生有意识的实践活动来实现、完善。

班集体价值观建设

所谓价值观，通俗讲是指人们关于什么是好、什么是坏，怎样为好、怎样为坏，以及向往什么、追求什么、厌恶什么、反对什么等的观念、思想、态度的总和。价值观不是人们在一时一事上的体现，而是在长期实践活动中形成的关于价值的观念体系。班集体的价值观，是指本班学生对本班存在的意义、目的、目标的价值评价和为之追求的整体化的班集体意识，是本班全体学生共同的价值准则。只有在共同的价值准则基础上才能产生班集体正确的价值目标，有了正确的价值目标才会有奋力追求价值目标的行为。因此，班集体价值观决定着学生行为的取向。

在班集体建设过程中，班干部应该对是与非、美与丑、好与坏、对与错等价值观念加以引导，让全班学生形成共同的价值观。

班集体道德建设

班集体道德是指调整本班与其他班之间、本班学生与教师之间、本班内部学生之间关系的行为规范的总和。它是从伦理关系的角度来评价和规范学生行为。

班集体道德与法纪规范和制度规范不同，不具有那么强的强制性和约束力，但具有积极的示范效应和强烈的感染力，当被学生认可和接受后具有自我约束的力量。因此，它具有更广泛的适应性，是约束班集体和学生行为的重要手段。

在班集体建设过程中，班干部应该对善与恶、公与私、荣与辱、诚实与虚伪等道德范畴加以引导，让全班学生形成共同的道德观和道德品质。

班集体制度建设

班集体制度是班集体内部的法规，是班集体文化的内容之一。从班集体文化的层次结构看，班集体制度属中间层次，它是班集体精神文化的表现形式，是班集体物质文化实现的保证。班集体制度对学生的行为带有强制性，本班学生必须遵守和执行。

《中小学生守则》和《中学生日常行为规范》

班干部要组织全班学生反复学习《中小学生守则》《中学生日常行为规范》。《中小学生守则》《中学生日常行为规范》是党和国家对学生提出的要求，对学生树立正确的理想信念，养成良好行为习惯，促进身心健康发展起着重要作用。

《中小学生守则》从大处着眼，对学生思想品德形成和行为习惯养成提出了基本要求，《中学生日常行为规范》从小处着眼，从行为习惯养成入手，提出具体的、操作性较强的要求。认真学习落实《中小学生守则》《中学生日常行为规范》有利于学生增强国家观念、道德观念和法制观念，懂得什么是正确的，什么是错误的，提高分辨是非、区分善恶的能力和道德选择与行为评价的能力。班干部要组织开展多种形式的活动，帮助学生理解、记忆，增强守法、守规、守纪的意识，养成守法、守规、守纪的行为习惯。

遵守学校的规章制度

学校为了正常运行，都有一套完整的规章制度。如教学制度、教育制度、管理制度、作息制度等等。班集体是学校的组成部分，必须严格遵守学校的规章制度。本班学生是学校的学生，必须严格遵守学校关于学生管理的各项规章制度。

班干部除了要以身作则以外，还要安排时间带领同学认真学习学校的相关制度，按照相关制度要求学生、规范学生行为，力争做到全班学生都能够按照学校的规章制度，要求自己、约束自己，落实在实际行动当中。

建立班级制度

在学习贯彻落实《中小学生守则》《中学生日常行为规范》和学校规章制度的同时，班集体要建立符合本班实际的规章制度。俗话说，没有规矩，不成方圆。班干部要根据本班的实际情况，在学习、生活、卫生、纪律、管理等方面制定一些规章制度，如班干部轮换制、值日生负责制等，做到有章可循。

班干部要带领同学自觉遵守本班的各项制度，做到有章必循。

班干部要发动学生互相监督、互相激励。除了自己带头以外，平时要求学生都要以主人翁的态度参与班级管理，发现违纪违规违章行为，敢于出面制止，做到违章必究。

班级制度不要求过多过繁，但一定要适合本班特点。班级制度可以以规定、制度、办法等方式呈现，也可以以公约、标语、顺口溜等形式呈现。班级制度建设一定要充分发挥学生的积极性，让学生广泛参与，力争做到人人都参与班级制度建设，形成事事有人管，人人都管事的局面。

班集体环境建设

班集体环境的优劣，直接影响学生的学习效率和情绪。良好的班集体环境为学生提供良好的学习氛围，也是班集体激励学生的重要手段。

班集体物质环境建设

班集体物质环境主要是指本班的教室环境及各种设备、设施。教室的空间虽然不大，但却是学生在校期间学习、生活、交往等活动的主要场所。整齐、干净、美观、有序的教室环境不仅可以约束学生的行为，而且会令学生心情舒畅。

班干部要带领同学精心布置本班教室，平时要注意保持，做到桌椅摆放整齐、桌面整洁、地面干净、窗户玻璃明亮、黑板洁净、各种设施设备摆放有序等等。有条件的班级还可以在教室内摆放几盆鲜花。

班集体物质环境还包括校园内由本班负责的责任区。本班负责的卫生区要保持清洁；本班负责的绿地要栽花种草植树，为绿化、美化校园做贡献。

班集体人文环境建设

班集体人文环境一般包括本班的班容、班风、班规、礼仪、道德等内容。这里所讲的班集体人文环境主要指由学生精心设计的班训、班标、班歌及精心布置的教室环境。

班干部要组织同学精心设计本班的班训、班标、班歌，让其充分体现本班的特点和理念。班干部要带领同学精心布置教室环境，充分利用教室墙壁，"让墙壁说话"。如张贴悬挂革命领袖、英雄人物、科学家、艺术家等杰出人物的画像和格言，制作设计介绍班集体成就的图片和文字，绘制创作引导学生勤奋学习、健康生活、养成良好行为习惯的卡通人物形象，展示学生自己创作的作品等。有条件的班集体可以创办手抄报、班刊，可以创办班集体网页或者网站。

班集体人文环境建设要充分发挥学生的主体性，鼓励学生积极参与、维护和创造班集体人文环境建设。班干部要发挥学校广播站、电视台和网络的作用，大力宣传、推介本班，在全校范围内树立班集体形象。

班集体舆论环境建设

从表层看，舆论是众人的议论、言论，是众人经过信息沟通后的一种共鸣。从深层看，舆论是众人对社会事件、社会现象、社会问题、社会意识、组织及人物的意见与看法，是大多数人的共同信念。舆论是一种无形的力量，如同我们周围的大气压，虽然看不见、摸不着，但确实有大气压存在。舆论又像无数眼睛、耳朵和口舌，它时刻注视着人的行动。舆论在人们心中产生巨大的压力，从而调节、制约人们的行为，使人们的行为同大多数人相一致。舆论监督每一个人，有时比法律、规章、道德等更有效力。舆论以一定的价值观念为依据，对社会现象及人的行为进行是非、对错、好坏、善恶、美丑的评价。舆论的评价可进一步影响班集体和个人的行为，使得个人自觉地调节自己的行为。

班集体舆论是一种无形但有力的环境、氛围。班集体舆论代表了多数学生的倾向性意见。当班集体舆论和个人的需要、愿望接近时，个人的观念就会得到强化，因而个人对舆论的接受和传播就积极；当班集体舆论与个人的心理感受、心理倾向相一致时，个人心理上的模糊状态就会被舆论唤醒，使原来的心理倾向转化为个人意见和言行；当班集体舆论与个人原有的观念不一致时，如果班集体舆论对个人构成强大的心理压力时，个人就会想办法调整自己的行为。班集体舆论一旦被学生接受，就成为左右学生言行的无形力量。

班干部要善于用正确的班集体舆论引导学生。正确、健康的班集体舆论能够团结同学、鼓舞同学，能够抵制、阻止不道德言行的发生，打击歪风邪气。班干部要努力构建班集体舆论环境，积极扶持、培养健康向上的班集体舆论，抵制消极错误的班集体舆论，营造积极的班集体舆论氛围，提供良好的心理环境。

创建"家庭式"班集体

所谓"家庭式"班集体，顾名思义，就是要把一个由几十名学生组成的班级，建设成一个"大家庭"，让大家在这样一个特殊的大家庭中健康快乐地学习生活。而班干部就顺其自然、理所应当地成为这个大家庭的领头人。

轻松当好班干部

创建"家庭式"班集体的意义

第一，是新的形势下的一种必然选择。众所周知，我国的教育方针是要培养德才兼备、全面发展的人才，而德育，也就是我们通常所说的政治思想教育，它既是重点更是难点，是我们学校教育工作者不断努力去做而又长期困扰的一个难题。尤其是在现今市场经济的条件下，政治思想教育工作显得尤为难做，任务尤其艰巨，一个突出的表现是家庭教育的不良倾斜。我们很多的家长只重视孩子的吃、穿、用、身体发育，而忽视了对整个心灵的塑造；对子女娇生惯养、袒护有余、严格要求不足；只注重智力开发，而忽视非智力因素的培养。这就需要在新形势下，对德育工作提出新的要求——创建"家庭式"班集体，增强同学们的思想品德修养，把这种观念合理地运用到班级管理当中，让每一位同学在学校成为一个极具特色的班级大家庭的一员。

第二，创建"家庭式"班集体，也是学校规范化管理的一种良好形式。"家庭式"班集体的规范化管理，全方位的严格要求和家庭化的热情与温馨的完美结合，必将表现出一种和谐的、生气勃勃的发展势态。

另外，创建"家庭式"班集体，是进行素质教育的良好形式之一。因为，在这样的班集体当中，学生不仅要学习好，更要品质好、身体好；教师不仅要开发学生的智力因素，更要发展学生的非智力因素，使学生不仅有好的学识，还要有热爱祖国、热爱社会主义、热爱中国共产党的良好情操，具备吃苦耐劳、有毅力、有竞争意识、意志顽强的优良品格，促使其成为德、智、体、美、劳全面发展的"四有"新人。

"家庭式"班集体的创建

1. 以"法"治班

"国有国法，家有家规。"以法治班，是创建"家庭式"班集体的根本所在。因为，班级毕竟是一个由几十人组成的特殊家庭，家庭成员无法可依，必然导致凌乱无序。只有明确班级的各项规章制度，才能使大家的日常行为有法可循，有规可依，才能真正规范自己的言行。为此，就要在学校规章制度的基础上，建立一套切实可行的班级管理章程。

班干部是班规的主要制定者，但要做到合理可行，就必须在班主任的指导下，和全班成员共同制定，要在大家充分讨论的基础上制定通过。要注意的是班规既不能大而无当，也不能统得过死，必须宽严适度，具有可行性。当然，刚开始制订的制度不一定全都可行合理，需要在具体操作过程中不断修订。一旦形成，班规就必须成为大家共同遵守的行为准则。在执行的过程中虽然要灵活机动，但必须以严明为基调，通常要照章办事，否则将成为一纸空文，失去其应有的效力。这就要求规定的执行者班干部和班主任，尤其是班干部要以身作则，说到做到，严格执行。

具体执行时，可以采用实行"量化考核制度"。这一制度，涵盖了学生在校学习期间方方面面的规定，诸如课堂纪律、课间规定、卫生值日、公物管理、集体活动、出勤考评、同学团结、班级贡献等，都以记分为手段，好则加分，差则减分，按星期、月、学期、学年分期分段累计，表现好的进行表扬、表彰，表现差的及时批评教育，促使尽快改掉毛病，不断进步。这种考核相对简便易行，公正有效，对班级管理将起到极佳作用。

2. 以爱为核心

创建"家庭式"班集体离不开一个"爱"字。因为爱是凝聚，是尊重，是理解。只有让班级内充满了爱和关怀，才能使大家互帮互助，相互团结，共同进步，一起提高，才能使班级具有强大的凝聚力，才能尽可能地发掘每一位成员各方面的潜力。为此，班干部要时刻注意让每一位学生尽可能地把"爱"表现出来，通过表扬、鼓励和班会讨论等形式，提高学生对"爱"的理解能力，培养学生的"真爱"意识。久而久之，在"爱"的感化和鼓舞下，使每一位学生都能自觉地以"爱"相处，班级也就能因爱而凝聚，表现出超乎想象的一致性和集体力量。

3. 以平等为基础

这种平等，突出地表现在人格上的平等。要求同学之间平等，班干部对待每一位学生平等，尤其是后者更为重要。因为班干部能否平等地对待每一位同学，直接影响到学生各方面的发展，影响到这个"家庭式"班集体建设的成功与否。毕竟组成一个班级的几十名学生是各种各样的，特别是学习方面，因为智力和基础的不同，必然造成学习成绩的好和差，如不注意，极易造成对学习好的学生偏爱，对学习差一点儿的学生看不上眼的不良倾向。这就要求班干部善做明眼人，能够更多地看到每一位同学身上的长处和闪光点，在人格上平等地对待每一个人。这样，才能使同学之间平等相待，才能使这个"家庭式"班集体健康发展。

4. 以公正为关键

在平等的基础上，班干部对人对事要公正。班集体组成成员的多样性，是必然的、正常的。每一个成员在这个大家庭中的身份、地位、作用不会是完全一样的。但是，班干部不能忘记的是，大家都是集体中的一分子，在班级管理的操作过程中必须公正。班干部也罢，普通同学也罢，学习好一些也罢，学习差一点儿也罢，在学习、劳动、辅导、集体活动时，在违反班规的处罚上，甚至班级座位的排列上都要一视同仁，平等公正，不得袒护和偏爱。这是创建"家庭式"班集体成功的关键所在。

总而言之，以上四点是成功创建"家庭式"班集体的重要因素。只要班干部在班主任的领导下不断探索，不断努力，这种"家庭式"班集体的创建就会收到良好的效果，表现为班风正，学风浓，学生集体荣誉感强，良性竞争意识强，会做人，会处事，为别人为集体想得多，班级更会连续被评为"优秀班级""三好班级"。

班干部如何建设良好班风

正确认识良好班风

良好班风的定义

班风是一个班级内学生思想认识、情感、意志、舆论等方面的精神面貌的综合反映。班风对班集体的建设，对班集体内学生的成长都有很大的作用。良好的班风包括健康向上的班风和刻苦进取的学风，体现在班级凝聚力、人际关系、群体的行为准则和行为习惯等方面。它是赢得别人重视、信任和获取别人支持与帮助的前提。良好的班风能给学生带来有利于学习和生活的环境，能使学生精神振奋，能使班级正气不断上升，能使学生的思想觉悟、道德情操都受到积极的影响。我们常说，好的班集体是个大熔炉，就是指班级的良好风气能够对班级的发展产生积极的影响。当然，不好的班风也会给学生带来不利的影响，使学生受到不健康的熏染而不思进取，使整个班集体涣散。作为班干部，要协助班主任使班集体形成一种良好风气，给同学们包括自己营造一个良好的学习环境。因此，班风建设是班集体建设的重点，是班干部的工作重心。

良好班风的特征

1. 相对稳定

任何一个班都有自己比较稳定的班风。它是一种比较稳定的倾向。尽管班里的有些方面会发生相对的变化，但总体上仍会表现出一种基本的倾向。

2. 相对独立

任何一个班的班风都有一个相对独立的世界。各个班的班风是不同的。尽管班与班之间的互相影响和彼此往来对班风有影响，但它仍然是一个相对独立的世界。

3. 综合性

班风是由诸多层次构成的。从层次来说，有观念层次、心理层次、行为层次。从总体来说，又是由诸多个体构成的总和，因而它具有综合性。

良好班风的作用

班风对校风的形成有影响。班风的形成受校风影响很大，但班风对校风也有很大的反作用。班风一旦形成就成为校风的一个组成部分，会波及学校其他班级。好的班风可以对校风有积极的促进作用，而坏的班风则对校风有污染影响。

班风对学生个性的形成也有作用。班集体是学生最直接和最经常的活动场所，而在班集体中形成的班风对学生个性的形成就有了很大的影响作用，这一点不能忽视。团结友爱、互助合作的班风，对每个人的成长都是有利的，而松散敌对、互不协作的班风对人的成长是不利的。前者会培养合群、友爱的性格和品质；后者会塑造孤僻、漠不关心他人的性格和品质。特别是在同学们个性形成的关键时候，应当注意在一个良好的班风中度过自己的青春时光，培养和形成好的人格。

建设良好班风的方法途径

班风建设离不开校风。学校的风气对班集体有最为直接的影响。好的校风对班风的建设有积极的直接的影响，它通过各种渠道和方式对班集体进行最有效和最有力的渗透，从而使班风也很好；反之，不好的校风对班风也有直接影响。

班风的建设也离不开教师的示范和引导。教师应率先垂范，为人师表，带头抵制各种不利于班风建设的倾向，这一点是非常重要的。教师应引导学生按照正确的价值导向去行动，自觉地建设良好的班风。教师的示范和引导在低年级更为重要。

班风建设更离不开班干部和班内同学的热情支持和积极参与。几十个同学要在几名班干部的领导下，团结友爱，互助合作，齐心协力，共同努力，才能使班级生气勃勃，催人奋进。

形成正确的班集体舆论

班集体舆论是指在班集体中占优势并为多数人所赞同的言论和意见。舆论有正确和错误之分。

1. 集体舆论的作用

正确的舆论在班集体建设中将会发挥如下作用：

（1）评论作用：既然舆论反映的是班内多数人的意愿、态度和倾向，那么，它必然形成一种巨大的影响力，对班内的矛盾和冲突、班内成员的行为等进行评论，使错误的言论、行为得到抑制，并促其转化；使正确的言论和行为得到肯定、支持、鼓舞和激励。

（2）同化作用：由于舆论本身产生的压力，能够使班级中的一些成员自觉或不自觉地"顺应"。正确的舆论一经形成，它往往会成为一种无形的集体压力，对个别学生的影响往往比教师个人的力量要大得多，有效得多。

研究表明：大多数班集体的正确舆论都不是自发形成的，而是在教师与班干部的领导下，班内同学共同努力的结果。

2. 形成正确集体舆论的方法

（1）树立正确的是非观

树立正确的是非观，是形成班集体舆论的根本。班干部要带动本班同学从以下几方面树立正确的是非观：

①好与坏

由于班内有些同学知识和经验的缺乏，常会出现以貌取人，以现象论事的问题。班干部要在班主任的指导下，带动大家正确看待人和事，看人要看他做了哪些事情和这些事对谁有利或有害；看事要看事物发展的全过程，根据它的规律去判断曲直，根据它的后果认定是非。

②美与丑

中小学生具有对外在美的感受能力，感受事物内在美的能力却较差。班干部要通过对不同事物的剖析，让学生去感觉，去体会，去树立正确的审美观念和培养较强的审美能力。

③真与假

客观世界是真实的，但由于人们对世界的认识总带有主观性，加之认识方法和条件的局限性，所以人们在认识客观世界的真实程度上总带有相对性。班干部要培养学生求实的精神、务实的作风以及判断事物真假的能力。

④善与恶

学生的善念善行是决定集体安定、团结的重要因素。班干部在集体中要提倡善意、善言和善行，倡导大家"勿以恶小而为之，勿以善小而不为"，要从小处着眼，从小事做起，形成正确善恶观。

⑤光荣与耻辱

中小学生在荣辱问题上，常出现两种不良倾向：一是荣辱颠倒，譬如把听从教师的教导，服从班干部的安排视为"窝囊"，把在与同学发生争执时采取忍让态度看作"无能"，把考试时作弊未被教师发现视为"聪明"；二是不计荣辱，如有的同学对受到表扬不以为荣，对受到指责批评不以为耻，对事事都表现出满不在乎的样子。这两种倾向情况都会影响学生个人和集体的进步。班干部要正确把握这两种倾向，进行合理引导。

⑥ 先进与落后

由于许多学生不能正确评价自己，并对先进存在某种妒忌情绪，常表现出不承认先进和不能正确地对待先进。班干部要号召大家向典型学习，充分发挥典型的模范带头作用，使先进学生与一般学生搞好关系。

⑦ 自私与奉献

有些学生想问题办事情，常常首先想到"我"，以自我为中心，把"我"放在一个很重要的位置上。而对他人、对社会的奉献考虑得很少。所以，班干部应在集体中通过各种活动去倡导奉献，克服自私，正确对待个人利益与集体利益的关系。

⑧ 个人与他人

同学们在集体中一起学习、玩耍、游戏、交往，由于自私心理和各自不同的性格，会使他们之间产生种种问题，要引导同学摆正个人和其他同学的关系，在集体中树立"人人为我，我为人人"的正确人生观和崇尚团结、友爱、互助的精神。

⑨ 个人与组织

来自不同家庭的学生们在一起生活，需要组织纪律来维护个人与个人之间以及个人与组织之间良好的关系。但光靠组织纪律是远远不够的，更重要的是要依靠每一组织成员的组织观念和自觉行为，班干部要做好引导工作。

⑩ 勇敢与怯懦

中小学生，特别是中小学的低年级学生，有不少同学把带头破坏纪律，敢顶撞老师，敢打架伤人的同学看作英雄，而把老实、守纪律的同学看作怯懦、胆小。在这个问题上，班干部要引导班内同学树立正确的"英雄观"，要首先让班内同学明确什么是英雄；其次，还要让同学们分清个人英雄主义和集体英雄主义的不同。

（2）树立形象，做好榜样

正确的是非观不是自发形成的，它要靠班干部的积极引导，在这方面班干部往往要起带头作用。

（3）抓住时机展开教育

班干部要善于抓住一切教育时机，形成好的班集体舆论。寒暑假假后开学就是一个大好时机，可以充分利用同学们刚刚换了新环境，同学重相聚，见到了新老师时的新鲜感和上进心，抓紧工作，用一系列美好的、高尚的思想，以及明确的、严格的要求，把四五十个性格各异、情况不同的同学组织起来，并创造一个良好的开端。如某校某班班长李强暑假后开学就以"人的美德——讲文明、懂礼貌"为主题，召开了班上第一次班会。会上，他表扬了班上同学见到老师主动打招呼的礼貌行为。第二天放学，个个学生从老师面前走过时，都主动说声："老师，再见！"班主任高兴地表扬大家说："同学们第一次'认识'了我这个班主任老师，并且对我很有礼貌，这使我很高兴。但是，我的最大希望是你们能做到尊敬每一位老师，尊敬你们的家长，尊敬每一位年长的和同龄的人，使自己真正具备讲文明、懂礼貌的美德。"不出三天，全班同学普遍注意了对各位老师的礼貌，受到老师们的好评。

在实际工作中，教育时机是非常多的，班干部可以抓住班内同学的兴趣点、潮流点、情感点、求异点、畏惧点等进行教育，从而把握正确的舆论导向。宝贵的教育时机如同流星一样，会一闪而过，这就要求班干部要练就一身过硬的基本功。它包括三点：第一，心中要时时注意，处处留心，事事过脑。第二，心中要装着班内每个同学的情况，要了解班内同学的思想、爱好，各科的学习情况，个性特点及他们的内心世界。对同学了解得越深刻，越具体，所捕捉到的教育时机就越多，教育的针对性也就越强，发挥的作用也就越大。第三，要有一双洞察一切的眼睛。这来源于班干部对班集体的热爱、关心和负责，来源于班干部在实践中的锻炼。

（4）发挥集体舆论效应

班干部要创造机会，让集体成员通过舆论来鉴别、判明是非，使有问题的同学心悦诚服地接受集体舆论。

如在某中学初中二年级某班上曾发生过这样一件事：自习课上，有几个平时散漫的同学大声聊天，一个团员站起来制止他们，一个说话的同学不但不听，反而拿起某同学的笔记本，狠狠打了前来制止的同学。那个团员反手就给了那个同学一拳，于是大声聊的同学结成一方，反对他们蛮不讲理的也结合在一起，先是说理，后是动手，全班立刻大乱。班长葛唐想，树立集体舆论要比自己处理一个具体问题重要得多，应该充分利用这个难得的机会，让同学们看到舆论的力量。于是，他为此事专门组织开了一次班会。在全班的讨论会上，大家畅所欲言，摆事实，讲道理，以理服人。是非越辩越明，最后那些说话捣乱的同学也只好认错。葛唐并未对捣乱的同学作任何处罚，也未上报班主任，让班主任处分他们。他大力表扬了积极发言、坚持真理的同学，指出只有人人都关心集体的事情，并且积极表明自己的观点，才能形成一股健康的舆论力量；让同学们从这次发生的冲突和解决的做法中体会发挥集体力量、树立集体舆论的巨大作用。苏联教育家马卡连柯曾指出："集体舆论的监督，能够锻炼学生的性格，培养学生的意志，能就学生个人的行为培养起有利于整体的习惯，能培养学生因为学校，因为自己是这个光荣集体的成员而自豪的精神。"

（5）开展评议班日志活动

让人人当家，巩固集体的正确舆论。很多优秀班干部都要在班内建立填写班日志制度。班日志由同学们轮流写，从不间断，涉及的内容包括表扬身边的好人好事，论说个人与集体的关系，评论同学在课上的学习态度，议论干部以身作则的模范作用等。班干部常常利用每日早晨的几分钟，组织大家来评议班日志的内容。通过评议，同学们知道什么是对的，什么是错的，什么是美的，什么是丑的，进而树立正确的是非观。

培养集体荣誉感

集体荣誉感是集体成员意识到集体的作用和价值，并自觉维护集体声誉的一种道德情感。在集体活动中，集体荣誉感是一种巨大的心理动力。在一个集体荣誉感强的班里，谁能为集体争光，谁就能受到尊敬和爱戴；谁做了有损于集体声誉的事，谁就会受到谴责。集体荣誉感越强，集体成员越感到自豪和骄傲，越热爱集体、关心集体，各种集体活动也就越容易开展。

无论是中学生还是小学生，他们好胜心强，这是非常可贵的。班干部一方面要倍加爱护，同时还要通过教育把它上升为进取精神和集体荣誉感。一般来说，班干部往往可以通过抓住各种评比活动，来激发学生的进取精神。通过获胜，使大家看到团结一致、劲往一处使就能战胜困难，同时使每一个集体成员增强奋发上进的勇气，加深热爱集体的感情，增强对集体的信任和依靠。争取集体荣誉的过程必然是班级和个人加强组织性、克服缺点错误的过程，这样做比简单的规定、限制、禁止，更能调动同学的自觉性、积极性和主动性。争取集体荣誉特别需要注意的是在班上提出的第一个奋斗目标，它应是在考虑本班学生的具体情况的基础上提出的，不能盲目追求，否则会适得其反。

于丽丽是某重点中学初一的优秀班干部，后因父母工作调动，转入一所普通中学的一个差生班，仍然担任班中的班长职务。这个班的学生由于学习成绩差，觉得样样都不如别人，没有一点集体荣誉感。经仔细分析，于丽丽决定从环境卫生搞起，激发大家的集体荣誉感，她首先使大家认识到，既然我们和别人一样都有两只手，我们为什么不能争取年级第一呢？这一想法有力地触动了班里同学压抑已久的荣誉感。大家劳动时积极认真，干劲冲天。在卫生评比中，果然获得了第一，这个"第一"使同学们看到了集体的力量。接着，于丽丽再提出争取运动会总分第一的目标。本来班上爱好体育的人就多，由于上次评比的鼓舞，大家信心很足，决心很大，再加上平时不断地努力训练，果然又实现了同学们的愿望。在此基础上，于丽丽又提出了在学习方面要争取排在年级的前列。由于班里同学大都基础不好，平时学习习惯差，要想在学习上赶上并超过其他班级，实在是一件不太容易的事。但他们看到了集体的力量，并从中受到鼓舞，纷纷组成互帮小组和学科小组（以学科代表为核心，专门研究某一学科）。于丽丽还选聘各科学习较好的同学组成考试委员会，定期抽查同学的学习成绩，及时发现问题，解决问题。因为学生的积极性提高了，教师教学的信心也随之增强，于丽丽让各学科小组主动和任课教师联系，争取老师的帮助辅导，全班学习成绩迅速得到提高。毕业时，全部达到规定的标准，不少同学升入了理想的学校。

严格班规班纪

纪律是建立班集体和巩固班集体的根本保证。班集体有了严明的纪律，就能使班集体中每个成员的思想、学习、生活既有约束，又有自由。班集体就会出现既有统一意志，又有个人心情舒畅的生动活泼的局面。教育家马卡连柯说："集体如果没有好的纪律是很难想象的。""纪律是集体的面貌、集体的声音、集体的美妙、集体的活动、集体的姿态和集体的信念。集体中的一切，归纳起来，都摆脱不了纪律的形式。"一个班如果没有必要的纪律，就无法进行教育教学，更谈不上教育教学任务的完成。经验告诉我们：任课教师不抓纪律，就会出现乱课；班主任、班干部不抓纪律，就会出现乱班。乱班的学习成绩一定上不去。不仅如此，学生的思想品德也会存在问题，严重的甚至还会接连不断地出现违纪违法现象。因此，班干部必须认真抓好班内纪律。

班干部要注意班级经常出现如下的纪律问题：

1. 课上乱说话

上课或自习时随便说话，是班上一个普遍性的违纪现象。这种现象乍看起来是个小问题，但如果不通过一定的教育方式来加以制止，任其发展下去，就会产生严重的破坏力。它可以由小声说话发展到大声讲话，由二人到数人，由近距离到远距离。

2. 迟到、旷课

在中小学，迟到现象时有发生，主要是由于学生的时间观念与时间管理能力差，在上学路上贪玩、看热闹或睡懒觉所致。

旷课是考勤制度中最严重的问题。学生旷课一定有着特殊的原因。旷课不仅会耽误学习，往往还会带来更坏的影响，如与坏人勾结或在坏人引诱下，在校外干出越轨的事情。

3. 争吵、骂人、打架

这是中小学生最易发生的问题，有时还发生在课堂上。话不投机，便横眉冷对；一语不和，更是拳脚相加。特别是有些男同学易冲动，语言表达能力和自我约束力较差，动不动就要用拳头发表意见。

4. 拖欠、抄袭作业，考试作弊

无论对哪所学校、哪个班来说，此类现象都会发生，类似行为更是屡见不鲜。近年，中学生考试作弊一直是违纪的主要方面。调查表明，考试作弊原因一般有四种情况：第一种是对学习缺乏兴趣的学生，平时对学习抱无所谓的态度，指望考试作弊，蒙混过关；第二种是原来学习基础较差的学生，虽然平时很努力、很认真，但仍然很难过关，这类学生自尊心很强，惧怕考试不能过关的难堪，在侥幸心理和焦虑心理的支配下考试作弊；第三种是碍于同学友情，讲义气，在考试时，因"帮助"别人而作弊；第四种是本身学习不错，为了争"三好"或获奖学金而冒险作弊。在以上四种情况中，前两种情况为多。

5. 小偷小摸

偷摸的东西小到一块橡皮、一把小刀，大到钱财。产生这种行为的心理有三种：第一种是无所谓心理，即认为"偷书不是偷""偷车不为偷"，只不过是自己用书、用车时，方便一些而已。第二种是补偿心理，即别人拿了我的东西，我也同样去拿别人的东西，以补偿自己的损失；第三种是为了自我享乐而偷摸，极个别的数额较大，情节严重的会构成犯罪。

6．损坏公物

有不少同学抱有这种心理："公家的东西，坏了也没事。""反正也没人看见。""大不了赔而已，值不了几个钱。"所以他们对公物不知爱惜，不懂节约。

7．抽烟喝酒

近年来，我国的"烟民""酒民"的年龄越来越小，不少中小学生都过早地染上了烟酒恶习，对于其身心健康和学习工作，都是有百害而无一利的。

对于上述纪律问题，班干部应做到预防为主，并可采取下列一些措施。

1．进行守则教育

中小学都有学生守则，学生守则就是学生的行为规范。为了使学生自觉地规范自己的行为，必须首先对其进行守则教育。守则教育，一般分为三个阶段：第一阶段是学习阶段。学生的主要任务是熟悉守则、理解守则。为了便于小学低年级学生记忆，班干部可以把守则编成歌谣的形式，教班内同学们背诵。第二个阶段是初步贯彻执行阶段。这一时期，用守则去衡量班内所出现的问题。事事和守则对照，处处以守则论是非。第三个阶段是深入贯彻阶段。有重点地联系实际，围绕着班内重点人、重点事，边学边展开讨论，边集体制定措施。

2．进行纪律教育

在学校中，学生应遵守的校规主要是几项成文的制度，如考勤制度、

轻松当好班干部

奖惩制度等。

常规是指除国家和上级颁发的成文制度外，学校自身制定的一些成文或不成文的规章制度，如作息制度、课堂常规、文明公约等。

班规是班主任、班干部根据学校要求和本班实际而提出的规章制度。

一般来讲，很多班级都有自己的班规，其中一些班规是由班主任和本班学生共同制定的。

如有个班长根据小学生易于接受生动、具体、形象化教育的特点，在班主任的指导下编制了对学生进行校规、常规和班规教育的系列图片16套。每套有4幅连环画。主要内容有培养良好学习习惯的《上课了》《完成作业再玩》；有帮助学生克服依赖性，自己的事自己做的《起床以后》《互相友爱》；有用于文明礼貌教育的《送雨具》《下雪的路上》；等等。复印后，发给本班同学，人手一份，并每周利用班里课外活动时间进行看图说话训练，让同学们认真观察，讲清每幅图意，再连贯讲出4幅图的故事内容，然后谈感想，通过观察和发言，达到相互教育和自我教育的目的。有一次，看连环画《一幅手帕》，当讲完故事情节谈感想时，一位同学说："我可不愿意捡别人的脏手帕，我妈不让我管闲事。"有人立刻反驳说："这不是闲事，是关心别人的好事。"有人说："图中的同学真好，她把别人丢的脏手帕洗干净，再还给别人，这就是老师讲的关心他人。"通过系列图片活动，不仅帮助同学们明确了是非观念，而且培养了他们的思维能力，锻炼了口头表达能力。通过这种形式对班内同学进行校规、常规、班规教育，生动有趣，形象直观，比教师的单纯说教效果好。

3. 开展评比活动

评比形式是多样的，内容也可不同。比如，对于乱班，全面要求如实难收效，不妨仅就一种行为先行开展单项评比，有成效以后，再加进新的内容，但评比的程序与方法不宜太复杂烦琐，否则，不能坚持长久。

对低年级同学来说，有效的方法是搞课堂纪律评比：人与人比，组与组比，组长检查个人，班长检查小组，可以评分插红旗，可以评分上红榜。

4. 积极开展群众性的批评与自我批评

班干部在处理较大问题时，千万不能只把同学叫出教室单独处理，要尽量在班上处理。在班上处理时，要在摆清问题的基础上，鼓励同学们发表自己的看法，启发当事人自己发表意见，然后班委会做小结并提出处理意见。由于处理的全过程是在集体中进行的，所以其教育意义就远远超出了一二个当事人的范围，而且对班集体正确舆论的形成和巩固，对全班同学认识能力的提高，都将产生重要影响。

5. 开展集体讨论

有些事情，谁是谁非一目了然，在处理问题时，班干部可采用批评与自我批评的方式加以解决，而对有些问题，同学们一时难以分清是非曲直。此时，班干部就应采取集体讨论的方法，甚至进行辩论，先从理论上分清是非，再指出其危害。譬如，有的同学在校外捡到东西，占为己有。针对这一问题，最好是引导班内同学开展"捡到东西怎么办"的讨论，通过讨论来对学生进行教育。

6. 及时处理问题

及时公正处理学生之间发生的问题，以免使事态进一步扩大。

7. 严格要求与抓住不放

严格要求就是要认真不放松，事事有要求，时时刻刻都按要求去做。

在纪律问题上，有的同学怕身强力壮的男教师瞪眼睛、攥拳头，有的怕挖苦，有的怕处分。只有一样东西对于所有学生是无一不怕的，那就是"抓住不放"。比如说，有的同学经常不交作业，班干部发现后，天天让他把作业亲手交到自己手里，然后再由班干部交给老师。这样他就没办法不交了。因此，在教师提出要求之后，班干部要经常检查、讲评、总结，只

轻松当好班干部

有这样才能收到良好效果。有关纪律教育的方法是很多的，但没有一种是万能的，这需要班干部不断借鉴他人经验，不断在实践中进行探索，进而寻找到适合于自己使用的一套有效方法。

把握"集体情绪"

在班集体中，"集体情绪"作为一种合力，将直接影响班级工作。良好的、积极向上的"集体情绪"作为一种向心力，将推动班级工作的顺利开展。班干部应积极把握"集体情绪"，使班集体成员的情绪成为推动集体前进的动力。

首先，班干部要善于发现学生的情绪信号，并究根求源。

情绪是一种不稳定、不可见的心理活动。但只要班干部细心观察，就可从学生的表情、行为、语言等方面发现一丝半毫。因此，班干部要善于通过外表看内心，及时发现学生的情绪信号，并分析引起情绪产生变化的原因。这样能够使班干部掌握主动权，及早采取措施，防止不良情绪的蔓延，把不良的情绪抑制在萌芽状态。

作为班干部，还应努力使学生敢于表明自己的感情，使他们能不受拘束地、热忱坦率地在教师面前表达自己的感情，如满意与不满意、感谢与委屈、愤怒和惊讶等。苏联教育家苏霍姆林斯基认为，要培养良好的集体，必须培养集体情感丰富的生活，让学生自由地表达自己。在他的课堂上，学生用菊花的颜色来表明集体的情绪，粉红色和鲜红色象征着愉快，蓝色象征着不安，淡蓝色象征着忧郁悲伤，紫色象征着委屈……通过一个微小的动作，教师很快了解了集体的情绪，便于及早作出决定。

其次，班干部要善于引导，激励良好的情绪使之变成稳定的情感。积极向上的情感是形成班集体的凝聚力，增加集体战斗力的前提。由于学生的情绪波动性较大，因此当学生的情绪刚露出积极的"嫩芽"时，班干部就应精心培育。要善于通过引导激情，使同学当中出现的好的情绪凝固下来，加以不断强化，把良好的情绪上升为稳定的情感。

最后，要善于了解情绪在学生中的传播途径、媒介，这是班干部把握"集体情绪"的重要方法。一般来说，班上比较活跃、有一定号召力的同学的情绪易传递给其他学生，形成"集体情绪"。班干部就是调解集体情绪"晴雨表"的关键所在。班干部要善于动之以情，以自己的积极情绪感染学生，而且还应与其他类似的同学多接触，引导其保持良好的、积极向上的情绪，在班级中发挥积极影响。

1. 提高班集体凝聚力

班集体凝聚力也叫内聚力，是指班集体内成员之间及班集体对其成员的吸引力和向心力。班集体凝聚力是班集体心理的集中体现。班集体凝聚力强，表现为：有较强的向心力和吸引力，班集体活动的出席率高；有良好的班集体气氛，成员间有信息交流和情感沟通，班集体民主气氛好，彼此关系和谐；班集体成员有责任感，愿意承担班集体任务，关心并维护班集体利益和荣誉；班集体成员有安全感、归属感、自豪感，表现出较强的集体主义精神；班集体士气高昂。

一个班集体是否具有凝聚力以及凝聚力的强弱，取决于班集体本身以及它的处境。班干部要千方百计提高班集体的凝聚力，为此，要做到：

（1）目标整合。班集体是由不同个体组成的一个整体，整体有整体的目标，个体也有个体的目标，将两者的目标统一起来，保持一致，就称为目标整合。目标整合包括两个方面：对班集体来说，总目标应该包括和满足个体的需要和愿望，使个体目标在班集体内得以实现；对班集体学生来说，各个个体目标必须和整体目标一致，或趋向于统一。当整体目标和个体目标发生矛盾时，应以整体利益为重，修正个人目标，甚至牺牲个人目标以顾全大局。

（2）志趣相投。志趣相投是指学生在动机、理想、志向、信念、兴趣、爱好等方面基本一致。上述心理品质是个人行为的内在动力和个人积极性的源泉。志趣相投可以保证学生有相似的态度和价值观念，步调一致；可以使学生在班集体中获得最大的心理满足，从而增强班集体的凝聚力。

（3）心理相容。心理相容是指班集体中学生与学生，学生与班集体，班干部与学生，班干部之间的相互吸引、相互尊重、相互信任、相互支持、和睦相处。若不相容，则表现为相互排斥、相互猜疑、相互攻击、相互歧视。心理相容是班集体团结的基础，也是实现班集体目标的重要保证。心理相容可以为班集体活动提供积极乐观的心理氛围，使学生保持良好的心境，有利于学生主观能动性的发挥。

（4）互补。在一个班集体内，每个学生所扮演的角色不同，承担的工作任务不同，因而需要学生间取长补短、互助协作。如果学生在智力、性格、气质、性别等方面形成互补，则班集体将会形成人才辈出、生动活泼的局面，班集体的工作效率和战斗力将会大大提高，班集体的凝聚力也会随之提高。

（5）利用外界压力。许多实验和事实都说明，当班集体处于外界的压力下，班集体的凝聚力会大大提高。班干部要善于利用外界压力，多与其他班比较、竞争，从而提高本班的凝聚力。

2. 增强班集体意识

集体意识，也可以称为集体心理，是指存在于集体成员头脑中，并反映集体关系的共同心理与心理倾向。班集体意识一旦形成，就会呈现出一些普遍的特征：

（1）认同感

其表现为学生对班集体目标和班集体规范有一致的认识，对与班集体有关的重大事件和原则问题有共同的认识和评价。

（2）归属感

其表现为学生对班集体在情感上的依赖。一般来说，学生对班集体的认同感越强，其归属感也就越强。学生所产生的"我们同属一个班，我们是一个整体"的观念就是归属感。

（3）排外意识

排外意识是指排斥其他班集体的意识。班集体具有相对独立性，学生具有整体意识，就必然在不同程度上产生排外意识。从心理上讲，学生往往把本班内的人当作"自己人"，而以怀疑的眼光看待班集体外的人。

（4）心理联动性

心理联动就是学生和学生之间心理状态的相互影响、相互作用，也就是通常我们所说的"心理连锁反应"，它是班集体意识的重要特征。

基于上述内容，班干部就要精心设计和组织开展内容丰富、形式多样、吸引力强、调动学生主动参与的活动。如利用纪念日、节庆日、传统节日，设计、开展丰富多彩的活动，在课外开展科技、艺术、体育、娱乐活动等。无论组织开展什么内容、何种形式的活动，都要在体现知识性、科学性的同时，突出趣味性、娱乐性，最大限度地调动发挥学生的积极性、主动性和创造性。只有如此，才能逐渐增强学生的班集体意识。当全体学生都具备了集体主义精神，他们对自己的班集体就会充满认同感、责任感、自豪感和荣誉感。

3. 塑造班集体学风

学风，是班风在学生学习中的表现。对于学校而言，学风是校风、班风建设的重点。建设团结友爱、互相帮助、快乐和谐、健康向上、充满正气、争做主人的良好班风，能够引导学生自己的事情自己做好，他人的事情帮助做好，集体的事情一起做好。而对于学生来说，最应该做好的事情是学习，建设勤奋努力、积极向上、充满兴趣、乐于探究的良好学风应该是班干部工作的重点。

良好的学风包括具有明确的学习目的，端正的学习态度，良好的学习习惯，适当的学习方法。学生能够把对知识的兴趣和追求作为学习的动力，爱动脑、勤动手，上好每一节课，完成好每一次作业。

班干部在学风建设方面可以利用班集体舆论和班集体制度，可以通过倡导互相学习、互相帮助、互相激励、互相监督等，达到共同进步的效果。

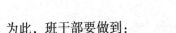

为此，班干部要做到：

（1）善于制造积极的班集体压力

如正确的舆论压力、科学的规范压力、真诚的情感压力、严厉的惩罚压力等，通过这些班集体压力来引导学生的思想，统一学生的认识，规范学生的行为。人在单独情境下的行为往往具有很大的差异性，而在班集体中，由于班集体规范和行为常规的制约和影响，个人行为上的差异性将大大减小。如果能够在班集体中造成一种好好学习、遵守学习纪律光荣的舆论，就可以引导学生好好学习。

（2）充分发挥社会助长作用

在集体中，当个体从事某项活动时，如果有他人在场，能使个体活动效率提高，这就是社会助长作用。社会助长作用的机制是由于别人在场，能唤起个体的竞争意识和被别人评价的意识，这种压力变为了动力，激发了个体的主观能动作用。多数人在一起活动，可以减少单调、枯燥的情境，激发个人的活动动机，从而提高效率。班干部可以通过开展各种形式的学习竞赛活动、组建学习小组等，调动学生的积极性，激发学生的学习动机，塑造良好学风。

（3）利用从众心理

从众是指个体在班集体中常常会不知不觉地受到班集体的压力，在知觉、判断、行为上，表现出与班集体中多数人一致的现象。平时我们所说的"随大流"，就是从众心理的外化，即从众行为。从众是一种信任他人、依赖他人的心理活动。学生都想让班集体喜欢自己、接受自己，为了避免由于自己和大家不一致而被班集体讨厌的后果，常常会从众。如果班干部带头，带领优秀生和一些积极分子，在班集体内营造出努力学习的风气，其他同学就会从众。

（4）暗示

暗示是指在无对抗条件下，用含蓄间接的方法对人们的心理和行为产生影响，从而使人们按照一定的方式去行动或接受一定的意见、观念的过程。暗示不是说服，不是讲道理，而是一种直接或间接的提示。暗示的目的是让人接受某种观念，并按这种观念行事。班干部要想利用暗示的方式促进学风建设，一方面要提高自己的威望和学习成绩，加大暗示的威力，提高暗示的效果；另一方面要在本班内营造良好的学习氛围，通过班集体成员间的相互暗示，形成互相学习、互相帮助、互相鼓励、互相促进、共同进步的学风。

（5）模仿

模仿是有意或无意地对某种行为产生类似反应的行为方式。模仿是人的一种自然倾向，是人的本能之一。在现实生活中，人们常常是通过对他人行为进行观察和学习，形成自己的行为。班干部要注重榜样的作用，一方面以身作则，成为好好学习的示范者；另一方面要善于发现学习中的先进学生、先进事迹，为学生提供可学、可比、可信的榜样，引导学生自觉模仿榜样的行为。

4. 引导非正式群体

非正式群体是人们在交往中自发结成的小群体。非正式群体的凝聚力强、压力大，对成员具有较强的影响力，成员间的从众行为、标准化倾向严重，成员的心理和行为的一致性较强。有自然形成的核心人物，核心人物的威信高，对成员的影响力大，号召力强。非正式群体容易产生"小集团""小宗派"，不利于班集体的团结，甚至破坏团结，容易滋长自由散漫的倾向，干扰或阻碍班集体决议的顺利执行，滋生歪风邪气，破坏班集体规章制度的落实。

在现实生活中，非正式群体的存在是一种普遍现象，几乎所有的班集体中都有非正式群体的存在。正确的做法是加强对非正式群体的引导，充分利用其积极作用，克服其消极影响，使之成为促进班风、学风建设的一支力量。为此，班干部要做到：

（1）利用非正式群体凝聚力强、成员易从众的特点，引导他们接受正确的思想观念，多为班集体着想，与班集体的目标达成一致，共同促进班集体目标的实现。

（2）利用非正式群体成员之间感情融洽、来往密切的特点，引导他们取长补短，共同进步。

（3）利用非正式群体内信息沟通快的特点，引导他们传播有利于班集体团结的信息，收集学生的意见、要求及合理化建议，及时反馈给班干部。

（4）利用非正式群体中自然形成的核心人物威信高、号召力强的特点，引导他们，依靠他们，发挥他们的积极作用、带头作用，使其统领的非正式群体为班集体建设多做贡献。

班干部如果能够充分发挥非正式群体积极作用，阻止非正式群体的消极作用，引导非正式群体关心班集体、热爱班集体、参与班集体建设，就会对良好班风、学风的形成具有促进作用。

班干部如何组织班会

班会的概念

组织开会是班干部最常用的工作方法，布置工作，获取信息，集思广益，宣传鼓励都离不开班会。

班会包括班级例会和主题班会。

班级例会

班级例会是班级举行的以常规教育为主的班级学生会议。

班级例会的实效性强。班级例会的主要目的是通过常规教育，使学生做到自觉遵守学生守则，自觉维护集体荣誉，以保证班级正常秩序。班级例会常常是针对班级工作的具体问题而开展的，因此班级例会具有较强的实效性。

班级例会具有灵活性。每次班会的具体内容和形式根据变化着的班级情况作具体安排。学校常规教育以及与之有关的班集体和班级成员中存在的问题，或班级人员在学习、工作、生活、劳动、健康等方面共同关心的问题，以及偶发事件的处理，都可以作为班级例会的内容。

班级例会大致包括三大方面内容：

第一，班级工作方面。宣传学校各项规章制度和纪律（包括课堂纪律、课间要求、考勤制度、考试纪律、寝室规则等），让学生严格遵守；引导学生分析研究班集体中的问题，提出巩固和发展班集体的措施；引导学生讨论集体工作任务，不断提出新的奋斗目标；审议班级工作计划，总结班级工作，确定与班集体建设有关的具体内容。

第二，个人行为方面。宣传学生守则，检查学生守则的执行情况，表彰先进，批评错误言行；帮助学生分析和总结自己的情况，提高自我道德评价的能力和刻苦锻炼自己的毅力，帮助他们巩固优良行为和不断克服不良行为。

第三，其他方面。组织讨论班级成员共同关心的问题；处理偶发事件等。

班级例会的主要类型有：班务会、民主生活会、周会和晨会。

1. 班务会

由全班同学参加的定期例会。一般由班干部主持，由班主任或班干部在班会上讲解学生守规、日常行为规范或学校的各种规章制度，给班集体提出要求或布置活动任务，进行道德谈话和讨论等。

常见的班务会包括：

学期初的民主决策会。开学初，班级奋斗目标和工作计划以及各种规章制度，在制订修改工作中由班委会或全班学生在班务会上酝酿讨论。如果由班主任草拟的或由班委会讨论通过计划，也必须交全班学生讨论通过，使每个学生充分了解计划内容，发挥学生的主体功能，增强学生参与民主管理的意识和贯彻执行的自觉性。诸如班级公约的制定，各项规章制度的制定、修改都需通过班务会交由全体学生分组讨论通过，然后施行。

期中总结会。在学期中召开班务会，公布半学期来班级工作计划执行情况和班级规章制度执行情况，以肯定成绩，明确下阶段努力方向。

期末总结评优会。组织召开全班同学参加的评优、评级、评先进班集体和先进个人的班务会。

班务会虽然不像主题班会那样有鲜明的主题，较高的教育要求，但也是了解班内思想动态，解决各阶段工作中存在问题的重要手段之一。有的班干部没有意识到这一点，想起什么说什么，毫无头绪，总结布置，例行公事。开班务会并不意味着免去了会前的准备工作，班干部应注意做到会前心中有数，确定议题，合理计划；适当放手，让学生主动参与，主持人可由班内同学轮流担任；班委会成员评估小结，找一找实际进行的活动与计划中有何差距，制订补救措施。会议还要邀请班主任参加，以便及时调整会议中的离题、跑题现象。开班务会要注意的事项可归结为三点：

（1）主题要明确。在召开班务会之前，要明确班务会要解决的问题和需要讨论的议题。

（2）班委要发挥每一位班干部的作用。可以由班干部轮流主持一般性的班务会。

（3）班委要充分信任学生。让学生充分发表意见，吸收学生参与班级管理。

2. 民主生活会

班内民主生活会一般有两种：一种是班委会里的民主生活会，一种是班级全体同学参加的民主生活会。

班委民主生活会的主要目的是针对班干部内部的一些不良作风而开展的批评和自我批评。班干部在开展工作时，难免遇上这样或那样的困难，在心理上产生委屈、悲观，甚至抵触情绪，还可能对班级工作和班集体建设产生不利的影响。这些可以采取召开班委民主生活会的方式加以解决。

班级民主生活会主要是针对全体同学思想上或行动上出现的某种错误行为或倾向而召开的班会。利用班级民主生活会，不仅可以批评错误的思想行为和倾向，抵制歪风邪气，而且有利于形成人人要求进步、争做好事的班风，把舆论引向正确的方向。

召开民主生活会要抓好四个环节：

第一，找准焦点。召开民主生活会一定要先找到问题和焦点，树立批评的靶子。对错误倾向或思想的根源、危害、表现都应有所认识。

第二，充分准备。在举行民主生活会前，应做好充分的准备工作。如果是班干部和同学之间的矛盾，应先做好班干部的思想工作。此时，可以先召开班委会的民主生活会，以求得思想上的一致。这样，在班干部带头批评和自我批评的推动下，班级的民主生活会便会取得好的效果。

第三，讲清目的。在民主生活会上，班干部一定要讲清召开民主生活会的必要性和目的性，消除学生的抵触情绪。

第四，认真总结。民主生活会后应把会议的计划、过程、解决问题的方法，收到的效果，作全面细致的总结，为今后开展工作和防止类似错误倾向提供经验教训和借鉴。最好是形成较详尽的书面材料存留下来。

民主生活会应遵循下列原则：

第一，批评和自我批评相结合的原则。班干部在民主生活会上要从治病救人出发，以自我批评为主。可以不指名的就不指名，对被批评的学生更要尊重和关心，肯定其进步的地方，不能讽刺、挖苦、侮辱学生人格，更不可采取批斗的方式。

第二，主体性原则。班干部要注意发动全班同学参加到批评和自我批评的行列中来，真正做到以自我批评为主，收到团结教育全体学生的效果。通过民主生活会引发学生的内疚和羞愧感，产生改正错误的内在动力。

第三，肯定救失原则。每个学生，即使是表现较差的学生，也会有长处、优点。在民主生活会上，班干部要肯定、赞扬学生的优点、长处，启发他们明确努力方向，下决心改正缺点和错误。

第四，实事求是原则。必须以事实为依据，是什么问题就是什么问题，既不降低标准，又不提过苛、过高要求。

第五，民主公开原则。要发扬民主，尊重学生的民主权利，让学生充分发表意见。

第六，平等原则。人人平等，无论是班干部，还是普通同学，都要严格要求，一视同仁。

例如：

有一位小学三年级学生班干部许静调查本班学生做家务劳动的情况，她得到了这样的回答："我帮妈妈扫过地，倒过垃圾。""我为奶奶理过菜。""我为爸爸拿过牛奶，帮妈妈洗过碗。"当她问班中的同学："为什么好吃的你总吃得最多？"他们毫不犹豫地回答："我喜欢吃，爸爸妈妈给我吃的。"又问："爸爸妈妈爱吃吗？"许多同学茫然地摇摇头，不好意思地说："不知道。"于是她给大家布置了一项作业，这一周里调查妈妈劳动时间有多长，妈妈的爱好是什么，准备讲一个记忆最深的、妈妈爱你的故事。

民主生活会上，大家交流了自己的调查结果，发现全班几十个母亲每日劳动最少 15 个小时，妈妈的高兴和难受总是和孩子相连；也发现妈妈和他们自己一样，有许多爱好，像唱歌、看书、养花、绘画、郊游等等，只不过她们为了家庭和孩子无法尽兴。许静在黑板上写了"妈妈"两字，要求大家给这个词加上合适的形容词。"亲爱的、善良的、勤劳的、无私的、可亲的、温柔的……"很快，黑板上出现了许多形容词。经过讨论，大家一致认为"无私的"是"妈妈"的最佳定语。

会上，大家议论纷纷，妈妈们平均每天劳动 15 个小时以上，她们究竟在为谁辛苦为谁忙。有的妈妈在辛勤劳动中病倒了，可只要能下床，一切又是照旧。得到了妈妈如此厚爱和无私奉献的我们又为妈妈做过些什么呢？今天回家"我们"该怎么回报妈妈的爱？

通过此项活动，班级里的几十位学生与父母间的情感联系更深了，更能关心体贴辛苦的家长。

3. 周会

中小学里，一般每周都有由班干部组织主持的、利用固定时间进行的读报讲评活动，对学生进行道德教育和时事政策教育（周会的一种）。

针对中小学生不同的年龄特点，认知水平的差异，对不同阶段、年级的学生应作不同要求。小学阶段主要进行以"五爱"为基础的社会公德教育和有关的社会常识教育，培养良好的道德品质和文明行为习惯。中学阶

轻松当好班干部

段主要进行道德民主和法制纪律教育，了解社会发展基本规律，初步学习运用马克思主义观点、方法来分析社会现象，树立科学人生观。

组织周会要做到：

第一，在召开周会前做好充分准备，主要是使讲话内容要实事求是。在班级建立班务日记、好人好事登记簿，以利于及时查考。周会前应召开班干部的碰头会，及时了解一些尚未发现的情况和问题。宣布上周检查的结果时，要指出取得成绩的原因和扣分的原因及责任者，提出本周需要注意的问题和改正的措施及要求。

第二，事先明确分工。纪律、卫生、文体各部门都要有专人负责、专人总结分析。指出问题要尖锐，批评同学要慎重。周会可以由班干部轮流总结。

第三，周会后要结合日常工作具体落实，并进行必要的监督检查。

第四，每次周会内容应有记录。

4. 晨会

晨会，顾名思义，就是指每天早上在上课之前组织的小型班会，又称晨检或晨间谈话。晨会时间短，一般有 10 分钟，是中小学班主任和班干部对学生进行思想品德教育的途径之一，可以每天进行。

晨会可针对学生中存在的不良行为习惯进行教育，及时解决同学间的矛盾，解决学习上的疑难问题等。形式灵活多样，以说理教育为主。通过每天的督促、检查，可使学生养成良好的行为习惯、卫生习惯。

晨会主要内容有：安排当日活动、值日生讲评、通报重要信息等。召开晨会要做到：

第一，晨会谈话要少而精，内容有针对性，针对一些不良的行为习惯。

第二，晨会要及时发现问题，及时解决同学之间的矛盾。

第三，晨会可以采用谈话、表扬、批评、示范、演示等多种形式。

主题班会

1. 主题班会的定义

主题班会有鲜明的主题和明确的目的，既是对学生进行教育的活动形式，又是使学生得到锻炼的活动方式，也是学校实施教育的重要手段。班会的活动一般是由班干部主持，给班干部提供了锻炼的机会和场所。

2. 主题班会的作用

（1）有利于提高学生的认识能力

从主题班会的教育意义上讲，主要是使学生通过班会，明确、统一、强化对某个问题的认识。这些认识能力是提高来源于班会活动中的以某种主题为中心的积极的教育影响。

（2）有利于提高学生的自我教育的能力

一个完整的班会，从设计到实施都要发动学生去参与。这使学生的创造能力、组织能力、活动能力能够极大地发挥，体现出主体的能动性。自我要求、自我完善、自我进取的精神就会不断增强，这样就能达到自我教育的效果。

（3）有利于班级集体的建设

通过主题班会，可以产生凝聚力，起到促进班级学生团结的作用。在班会活动中，学生的主人翁意识能得到增强，会形成很强的向心力和向上的意识，这又是增强班级团结的动力；班会活动可以起到改变集体面貌的作用；班会对建设班级集体的作用还表现在师生关系上。班会是形成师生间不断建立亲密关系的一种纽带。

3. 主题班会的种类

（1）季节性主题班会

按照季节、节日与纪念日选定的主题。这是对学生进行思想道德、行为等教育的最佳时机。

（2）问题性主题班会

针对学生中普遍存在的共同性问题而设计的教育性较强的主题班会。

（3）模拟性主题班会

根据学校和班集体在一定时期的教育要求，以模仿某种具体的生活情境为主题，让学生从中接受感染、启迪和教育。

（4）知识性主题班会

寓教育于科学文化知识的学习过程之中，使学生既能受到深刻的教育，又可获得一定的知识。

（5）系列性主题班会

围绕一个总的教育主题而设计的多层次、多侧面的相互关联的分主题系列，给学生以多样的、系统的、持续的、全面的影响。

（6）即兴性主题班会

利用教育实践过程中围绕具有突出教育意义的偶发事件而设计的主题班会。

（7）实践性主题班会

需要学生利用自己的实际行动来实现的主题班会。

4. 召开主题班会的原则

（1）教育性原则

班会活动主题本身应该具有教育性，同时，要注意教育的深刻性，只有这样，主题班会才会有实效。

（2）针对性原则

主题的内涵要符合中小学生的身心发展特点，反映社会发展的客观要求。确定主题一是要从本班学生思想反映中带有共同倾向性、普遍存在的问题出发；二是要抓住某一时期的社会倾向、时代特征、校内外重大事件联系实际问题出发。这样，活动才会有针对性。

（3）创造性原则

主题的设计应力求新颖，给学生以新奇感，有强烈的吸引力，能充分调动学生的兴趣和参与热情，不能年年一个样，会会都相同。

（4）贴近性原则

主题班会的内容要紧扣主题，并安排贴近学生实际、贴近学生生活、贴近学生思想的内容，安排便于学生参与的活动。

（5）多样性原则

主题班会的形式多种多样，如演讲、讨论、辩论、角色扮演等等。只要与主题和内容相适应，只要能够充分调动学生的积极性，只要便于全体同学参与，只要有助于提高主题班会的效果，就是好形式。

（6）灵活性原则

主题班会可以在不同场所进行，如教室、操场、校园景点、校外等。只要能够更好地完成主题，只要便于活动的顺利进行，就是可以选择的场所。

优秀主题班会举例

示例 1　主题：献出你的爱心

一、班会目的

实施爱的教育，培养爱的情操。培养对生活的珍惜、感恩之情。

二、班会准备

1. 将全班分成五六个活动小组。

2. 确定活动主持人。

3. 各小组制订爱心活动计划（原则上不重复。可考虑：捐资助学、扶贫帮困、希望工程、走进敬老院、走进福利院、关爱智障人士、关爱残疾人、关爱生活的环境、关爱动物等）。

4. 各小组实施爱心活动，活动结束后写出书面总结。

三、班会地点：室内外相结合。

四、班会过程

1. 唱《爱的奉献》，营造爱的氛围。

2. 朗诵诗歌《奉献之歌》。

阳光普照是对万物的奉献，甘露挥洒是对禾苗的奉献，大河涛涛是对土地的奉献，月儿皎洁是对花儿的奉献。奉献，就是给予。

奉献是无私的，奉献不是掂量算计地企求报答，给予了就头也不回地向前走去。奉献是无悔的，默默地给予，默默地走开，不计较得失是她的品格。

母亲给婴儿哺乳是奉献，园丁为学子耕耘是奉献，军人为国家战死是奉献，妻子为丈夫操劳也是奉献。奉献，就是责任感。

奉献是一种高尚的情操，她从始至终都没有丝毫的功利色彩。奉献是一种博大的爱，这中间没有同情，更没有怜悯。

绿叶托花是无私的奉献，春蚕吐丝是深沉的奉献，落叶化泥是悲壮的奉献，人间情爱是美丽的奉献。

奉献是一种精神。奉献是一种高尚的投入，绝不是被迫的应付。奉献跟装腔作势的做作无缘，她是发自心灵深处的挚爱。放飞一只小鸟是奉献，爱护一棵花草是奉献，节约一滴水是奉献，捡起一个烟头同样是奉献。

奉献是一种境界，绝非只有牺牲生命或给予财富才是奉献。奉献是体现一个人境界的标尺。奉献不一定非要轰轰烈烈，奉献是爱心的种种体现，是没有标准可以衡量的。

奉献是海洋的宽广，天空的高远，是人一生不倦追求的信念。让我们为这个世界来奉献吧，从现在做起，从一点一滴做起。

人人都以奉献为荣的世界，定是一个洒满阳光、花香芬芳的世界。

3. 各小组汇报爱心活动情况。

4. 各小组畅谈爱心活动感受，比较自己与他人的生活，学会珍惜，学会感恩。

5. 同唱《奉献之歌》，结束活动。

示例2　主题：敬廉崇洁

一、班会目的

学生传承着中华民族的希望，担负着建设未来的重任，无论他们今后从政、经商还是从事其他职业，都应该从根本上懂得"清正廉洁"的价值，在头脑中根植"清正廉洁"的理念，使"清正廉洁"成为其立身立业之基，使"敬廉崇洁"成为中华民族兴国安邦之源。通过这次主题活动，就是要使同学们从小就了解反腐倡廉的有关知识，树立"廉洁光荣，腐败可耻"的意识和反腐败斗争必胜的信心，培养正确、积极、健康的理想信念、道德观念、法制意识和社会责任，成为全面发展的中国特色社会主义事业的建设者和接班人。

二、班会过程

1. 班干部：同学们，反腐倡廉对我们来说似乎还过早，但我们正处在人生观、道德观、价值观和世界观的形成阶段，最容易受外来不良思想的侵袭，及早进行廉洁教育，就如同提前为我们筑起一道"防腐墙"，让廉洁植根在我们的心田，让我们扬起敬廉崇洁之风，立下勤廉报国之志。

（在老师的引导和两位同学的主持下，一场丰富多彩的主题班会开始了）

2. 同学们演讲由自己编写的廉洁小故事，感受古往今来高尚的思想，走近廉洁，走进崇高。

3. 在老师和主持人的引导下讨论身边发生的腐败现象，并让同学们踊跃发言，点评自身与他人，并提出如何改正自身，完善他人。如：大家就寒假的各种消费进行了讨论，分析了自己过年期间的浪费现象和原因，进一步统一了思想，意识到节约的重要性，并准备在今后的生活和学习中注意节俭。

4. 朗诵同学们自己编写的诗歌《敬清廉，争做正直小公民》。

5. 展开一场辩论会，两组同学为辩论双方，主题为"廉洁教育进校园好不好"。先由双方辩手阐述各方观点，再进行自由辩论。同学们辩论得很热烈，大家各抒己见。例如，正方认为：中学生是生理和心理渐趋成熟的阶段，这个时候对其进行廉洁文化教育，就容易形成"先入为主"的效应，从而将防腐倡廉的因子根植在我们的意识中。反方认为：现在全社会都已经形成了反腐倡廉的良好氛围，其有益有效的正面效应，理所当然也会波及中学生，同时学校进行的素质教育也涵盖了倡廉的内容，在这种情形之下，学校再额外地进行倡廉教育岂不是多余之举？正方认为：在学校进行的素质教育中，的确有这方面的内容，只是没有单独地列出来形成系列和专项。现在学校通过"廉洁文化进校园"活动，就是整合历史上、现实中在廉洁方面有建树的人和事，对学生进行系统的教育，营造一种氛围，而且随着社会多元化的价值取向，学生中间存一些个别"小腐败"现象。

6. 响应"小手牵大手"行动，现场征集"敬廉崇洁"小标语，送给我们的老师和父母。如："廉洁，从自身做起，让快乐永在；清正，从大家做起，让幸福长留""你拥有廉洁这个美德，请不要因为一时私心破坏它""廉洁在我心，我心将更美"等等。

7. 总结：同学们，今日之我们，明日之栋梁，就从现在开始，从一点一滴做起，让敬廉崇洁跟随我们，陪伴我们吧！让我们做一名敬廉崇洁的好学生。

示例3　主题：自我保护

一、班会目的

通过现场情景表演，让同学学会在危急情况下如何自救，从而增强自我防护意识。懂得要爱护自己的身心健康，必须学习各种自我防护知识，要有一定的自我防护技能。

二、班会方式：情景演练、现场点评与问答讨论相结合。

三、班会过程

1. 全班同学分成几个小组，模拟火灾发生现场，其余同学组成评委会，评价各组的得失好坏，综合评分选出本回合的优胜者。

情景设计：（主持人现场解说）楼房突然浓烟滚滚，睡梦中惊醒的同学连忙采取各种应急措施，有的打电话报警，有的寻找出口，有的把被子、衣服浸湿后蒙住口鼻或裹在身上，有的大声呼救，有的慌不择路往窗外跳……

小组分别表演：每个小组5名同学，准备好所需道具，各自分工，扮演不同角色，齐心合力逃出险境。

评委会点评：哪个小组配合默契，行动合理有效，哪个小组混乱无序，耽误了时间，采取了怎样的错误举动。

2. 主持人由此生发开去，针对其他危险情况提问：

（1）发生地震应怎么办？

（2）溺水了怎么办？

（3）遇到"小霸王"应怎么办？

（4）怎样安全上网？

小组讨论，推举代表阐述本组观点，评委会点评，得分记入小组总分。

3. 决出优胜小组，现场颁发荣誉证书（可自行设计）。

4. 小结：面对生活中突发的险情，应该做到沉着冷静，采取正确有效、符合科学的行动，才能保证生命的安全。这就要求平时做生活的有心人，多学习、多积累面对火灾、地震、溺水、抢劫、突发疾病等危险情况的知识，注意保护个人的安全。这样，同学们才能茁壮健康地成长，为祖国建设做出应有的贡献。

示例4　主题：讲科学故事

一、班会目的：激发同学们学科学、爱科学的兴趣，引导同学们在活动中动手动脑，培养创造意识。

二、班会准备

1. 事先给全部同学一至两周时间，广泛收集介绍古今中外科学家事迹及成才的书籍、报刊，重点收集科学家童年的故事，然后进行加工整理，在小组内讲述、讨论，选择好的向班委推荐，注意讲述的故事不要重复。

2. 鼓励同学们开动脑筋动手制作，内容包括三个方面：

（1）变废为宝，如易拉罐制作电视天线，用旧布制作电动玩具等。

（2）小设计，如多功能文具盒、天线航模遥控器、微型太阳能热水器等。

③小"绝活"，如5分钟电脑制图、快修收音机等。

三、班会过程

1."讲"——让同学讲述已被选出的科学家的故事。

2. "学"——以"向科学家学习什么""科学家是怎样成材的""我长大后干什么"等为题展开讨论,引导同学学习科学家为科学献身、不屈不挠、坚持到底的精神。

3. "做"——各小组依次上台,或表演"绝活",或展示作品。

4. "想"——请每位同学用一句话谈自己感受最深的地方。

示例5 主题:展示个人的模仿、设计才能

一、班会目的:通过同学们喜闻乐见的方式,培养同学们的创新意识和创新精神,让同学们发掘、展示各自的才能,正确认识自我和评价自我。

二、班会准备

1. 服装表演(鼓励创新,都是生活装的再搭配,或者用纸、丝巾、鸡毛掸等能利用的东西进行装饰,采用反串或一反常态的打扮而达到令人耳目一新的舞台效果)。

2. 制卡片,上面标明要求表演的项目。

3. 背景音乐。

4. 各类奖项的奖品和桂冠。

三、班会过程

1. 音乐响起,服装表演(酝酿气氛)。

2. 主持人登场,巧妙介绍这次班会的形式、目的。

3. 模仿秀。模仿名人、明星或老师同学的姿态、语调、歌声等。

4. 经典小说或戏剧场面的现代版。参与者根据抽到卡片的要求进行改编,融入自己的表演。

5. 如此包装。按卡片的要求,对给定的人进行包装,要求人物的穿着打扮、台词、动作合乎给定的人物身份。

6. 个人特长展示。

7. 全班投票,评选出"最佳创意奖""最佳模仿秀""最佳表演奖""最佳导演奖"。

8. 给获奖同学颁奖。主持人致词结束。

班会的组织技巧

掌握主持会议的方法

组织班会是班干部工作的常用方法，对于布置工作，获取信息，集思广益，宣传鼓动有十分重要的作用。会议的形式很多：有班内全体成员都参加的班会；有征求少数几个人意见的小会；有在课堂上举行的讨论会；有课外调查会；等等。会议形式多样，内容丰富。开好每一次会议，对于班干部的工作有着重要作用。

会议是实施领导活动的一种经常采用的重要形式。班干部主持会议，对于贯彻会议宗旨，形成良好的会议气氛，提高会议效率，达到会议预期目的具有非常重要的作用。因此，探讨主持会议的科学方法，讲究主持会议的领导艺术十分重要。主持会议本身是一种综合性的领导方法，主持会议的方法和艺术，本身也就是班干部领导能力和素养水平的综合体现。作为会议主持者的班干部是会议的中心人物之一，在主持会议中要做到以下几点：

第一，以饱满的工作热情和奋发进取的精神状态出席会议，以此影响会议气氛，振奋班内同学的参与热情。

第二，讲话简明扼要，热情洋溢，准确有力，风趣幽默生动，有鼓动力。

第三，牢牢抓住会议主题，无论是引导性讲话，还是讨论性发言，都要抓住重点，中肯有力，掌握问题的实质。

第四，注意激励班内同学的热情，激发他们的创造性思维，注意引导大家共同创造良好的会议气氛。

第五，注重集思广益，不固执于自己已形成的主意和想法，不过早地表白自己的主意和想法，防止压制同学们的积极性、主动性和创造性。

第六，鼓励同学们畅所欲言，善于捕捉和发现真知灼见乃至一得之见，善于启发沉默者发言，虚心听取与会人员的意见。

第七，注意会议导向，当讨论离题或发言有偏差时，要保持清醒的头脑寻找契机引导纠正，并尽可能使发言者愉快地接受。

第八，注意用会议产生的积极思想和新的意见与办法，充实和完善原有的思路和方案。

第九，科学地把握会议的时间和效果，达到预期目的后应及时结束会议。要尽量开短会，不要轻易追加会议内容。

一般来说，会议的内容和形式的多样性，决定了主持会议的方法和艺术无定规，也无止境，需要因地制宜，因时制宜，发挥班干部的聪明才智。

调控好会场气氛

会议气氛和会风虽然不直接关系会议的成败，但会影响会议的效率和效果，影响与会人员相互关系和会议预期的目的。因此，控制会场气氛是开好会议的重要因素之一，为此，班干部在组织开会时要做到以下事项：

1. 做好会前准备

不打无准备之仗，不开无准备之会。开会前要充分进行准备：不开没有明确主题的会，不开主题不正确不健康的会。

2. 把握会议进程

明确会议的目的和意义；讨论研究问题时抓住主题和本质；高度重视会议程序和环节的联结和转换；防止少数人操纵或独断会议，正确处理会议内部的矛盾和冲突。随时注意引导和调整会议气氛，努力使会议形成民主的气氛，形成理论联系实际的气氛，形成严肃认真、真诚协商、开拓进取、心情舒畅的气氛，形成团结协作、互相尊重、互相学习、互谅互让的气氛等。

3. 过硬的能力素质

一般来说，会议主持者的思想素质和领导能力越高，越能够控制会议的气氛。这就要求班干部具有：高度的政治责任感和原则性；处理复杂事情、集中正确意见的能力；优良的民主作风，坚决摒弃独断专横的不良作风；正确地掌握会议方向，站得高、看得远的战略眼光；当机立断、多谋善断的胆略和气魄。

把握议题方向

与会者对会议议题发表意见，交换意见，进行论证和辩论，是会议行为的重要环节，也是会议民主的集中体现。因此，班干部必须做到以下十个方面：

第一，科学地确定议题。衡量议题价值的主要因素是：能否解决问题？能解决问题的议题就有价值，否则就无价值。问题能解决到何种程度？是泛泛地解决，局部解决，还是全部解决？议题的总和构成会议的全部内容，议题要来源于实际，服从会议的宗旨、目的和任务。

第二，分清议题的大小、轻重、虚实、缓急以及它们的相互关联，以便科学地安排。

第三，一次会议议题宜少不宜多。一次会议只能有一个中心议题；内容互不关联或相去甚远的议题，不宜安排在一个会议上；一个大议题可以分解为若干个小议题，以便展开讨论。

第四，议题表述要简明准确，语言逻辑要规范。

第五，按议程组织讨论人员较多时，宜分组进行讨论：一般情况下，会议讨论应不加限制，各抒己见，畅所欲言，可长可短，可先可后；如时间有限，应规定发言的次数和时间，必要时还应确定发言顺序。

第六，鼓励积极发言，把观点讲清讲透，充分发扬会议民主；讨论离题时，应巧妙地加以引导和纠正。

第七，鼓励会议上的辩论和争鸣，激发人们的想象力和创造性思维，从而开阔视野，深化思想，追求最佳效益和效率。

第八，会议有较大分歧时，应鼓励与会者出以公心，不放弃原则，也不固执己见，尊重客观实际，服从真理。

第九，当在大是大非问题上出现偏差时，应坚持原则性与灵活性的统一，既坚持正确的政治方向，又妥善处理各种矛盾。

第十，对会议讨论的结果，应及时予以公正评价和总结。

提高会议效率

班会是传递信息、探讨问题、统一认识、实施班干部领导的重要手段。提高班会的效率，必须对班会实施科学有效的领导，主要包括选择恰当的开会方法，掌握主持例会的原则和不无故开会三项内容。

第一，选择恰当的开会方法。要根据不同的具体情况选择不同的开会方法，主要方法有：限时表决法，单向充分发表意见法，反向充分发表意见法，典型引导法，重点发言与补充修正法，限定前提发表意见法，自由交流意见法。单一模式、单一方法不可能在各类会议，各种不同情况下都能取得会议的最佳效果。

第二，遵守主持例会的一般原则，即主持会议"五要"：其一，紧紧围绕会议目标引导会议的原则。其二，会议主持者和普通与会者"角色"要统一的原则。主持人既要对会议进程实施领导，又要把自己置于普通一员的地位，平等对待与会人员，充分调动他们的积极性。其三，节约时间的原则。主持人应设法保持会议的正常气氛和较快地处理问题的节奏。其四，严格按会议的规则主持会议的原则。其五，发扬民主，集思广益的原则。

第三，不无故开会。为防止开无效会议和出现滥开例会的现象，必须注意"会议十戒"（即会议"十不"）：不开没有明确议题的会议；不开多议题的会；不开无准备的会；不开可开可不开的会；不开马拉松式的会；不要无关人员参加；不作离题发言；不作重复性发言；不要在琐碎问题上消耗太多的时间；不要议而不决。

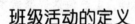

班干部如何组织班级活动

班级活动的定义

班级是中小学教学的基本组织形式，也是对学生进行德育、美育、劳动教育、体育的基层组织。班级活动是一个班级的成员参加的集体活动。它有广义和狭义之分。广义的班级活动是指在教育工作者的组织和领导下，为实现我国总的教育目的和教育目标，完成学校的教育工作计划，组织班集体成员参加的一切教育活动，包括班级的教学活动、课余活动等。狭义的班级活动则是指在班主任的组织和领导下，或在班主任的指导下由班干部组织的，为实现班级教育目标而进行的除课堂教学以外的各种教育活动。班级活动是班主任对班级里的学生进行集体教育和个别教育，培养学生素质基础的基本形式，也是班干部大展才华的大好时机。

与课堂教学相比，班级活动内容更丰富，在以班级为组织进行全面教育时，课堂教学之外的班级活动是实现教育目标的重要途径。班级活动是由班级统一组织的，有目的、有计划的教育活动。其目的与学校教育规定的目标一致，促使学生内在和外在素质的提高。它涉及学生学习和生活的各方面；形式更生动活泼，为同学们的成长提供了广阔的天地，同时也给班级带来勃勃生机。

班级活动的意义

班级活动是促进班级全体学生德、智、体、美、劳全面发展，培养素质的重要形式、途径和方法，它对于学生思想品德、智能发展、身心健康、特长和能力的发展，主创精神的培养，交往的需要方面都有重要作用。

1. 班级活动是培养学生思想政治素质和道德素质的重要途径

"教育要面向现代化、面向世界、面向未来"，社会的建设，国家的富强，科学的进步，都需要全面发展的人才。一个合格的人才首先要具备良好的品德。教育要达到这个目标，除课堂教学这一途径之外，还应针对学生的实际情况，结合实践组织各种形式的班级活动。对班干部来说，它能充分发挥创造性，及时解决班级中存在的各种问题，是引导学生提高道德认识，激发积极情感，培养坚强意志，最终养成良好道德品质的有效形式。对学生来说，它是接受生动有趣、活生生的思想教育的好机会。

2. 班级活动是班级建设的重要方式

经常开展富有教育意义的各项活动，使班级富有吸引力、凝聚力，是成为优秀班集体的必要条件。活动是班级生命力的依托，活动越丰富多彩，班级越团结，越朝气蓬勃。班干部可组织像"'出诊'与'会诊'——生活中的错别字""走向青春门""心中有他人""走访农业专业户"等社会服务和接触社会实际、树立理想的活动，还可以组织宣传文明的行为规范、交通安全知识，为班级做好事，慰问军烈属，帮助失学儿童等活动。在活动中可以密切同学间交往，增进团结和友谊，培养学生对集体的荣誉感、责任感。

3. 班级活动是陶冶学生审美素质，开阔眼界的有机形式

班级活动可以陶冶学生的情操，开拓学生的眼界。班干部组织开展班级活动，要尽量让班内每一个同学都积极参与。走出课堂，会使学生发现，自己身边还有那么多美好的东西，那么多从未见过的事情。班级活动不仅能提供寻找美、欣赏美的机会，更能激发学生创造美、爱护美的积极性和自觉性。在某校二（1）班开展的"让教室和心灵一样美"的活动中，班干部号召班内小同学在教室里办"小花园"和"小乐园"，和小动物交朋友。三天后，教室里变了样：纯朴少言的同学特意上街买了两盆长青的柏树；腼腆害羞的同学贡献出精心培育的云竹；讲台上摆着同学们用零用钱买的花瓶，插着专程到城郊采回的洁白素雅的鲜花；靠窗的墙角有一个大鱼缸，大大小小的十几条金鱼欢快地在水草间嬉戏，几个同学在热心地给来观赏的同学讲述着……同学们交出的，全是自己的"宝贝"，也是一颗颗热爱集体的心。教室被心灵美的孩子们打扮得充满情趣，他们自豪地欢迎着好奇的大小同学们，还准备了一套一套的"解说词"。

4. 班级活动促进学生的技能素质、心理素质、身体素质和劳动素质全面发展

每个学生所具备的天赋、才能、兴趣爱好等各不相同。班级活动范围广、内容多、形式活，可以从多方面给学生开辟发展特长、接受锻炼的新天地。在一次市团委组织的主题队会中，担任朗诵《铁的自述》的同学得到同学和评委的一致称赞，你可知道他前些日子还和女同学一块儿跳绳、踢毽子？这次锻炼让这个像女孩儿一样的男孩性格中增加了一点钢铁的力量。事实也证明：同学们在校期间所参加的各种课外活动，对他们以后选择职业、成为某一方面的人才有很大影响。

5. 班级活动与课堂教学互促互进

班级活动和课堂教学都是为了实现培养目标实施的教育活动，在教育

轻松当好班干部

方式、途径上有所不同，侧重点也不一样。课堂教学重视有组织的知识传授和训练，但忽视了对学生个性差异的不同对待。班级活动以它的丰富、新颖、灵活，使学生得到更多的锻炼，发挥各自的才能，了解新的信息，弥补了课堂教学的不足。课堂教学又为班级活动提供指导和借鉴。

在某小学的一个班级里（中年级），成立了三个科技小组，每组有一名班干部，每周课余时间活动一个小时。活动内容有三项：一是组织学生进行小型观察实验，二是开展小手工、小制作、小设计、小创作、小发明活动，三是撰写小论文。每年六一儿童节举办一次科技展览会，坚持三年，效果显著：开阔了学生们的视野，提高了其实验操作能力，巩固了课内新学的知识，并培养了一批有特长的人才。实践证明，与课堂教学内容相联系、相配合的班级活动，能够有效地促进学生手脑并用能力的发展，使学生学会把课堂中学到的知识运用到实践中去。

班级活动的特点

班级活动与课堂教学活动一样，都是实行全面教育的途径，但在教育内容、形式、评价上有许多不同于课堂教学的固有的特点。身为班干部了解这些特点，对有效地组织好班级活动大有益处。

1. 自愿性和指导性

学生可以根据自己的兴趣、爱好、特长，自由选择、自愿参加各项活动。但由于中小学生身心发展的不确定性、不稳定性，活动须由班干部组织领导，或在班主任指导下由班干部组织进行。班级活动进行之前确定教育目的，保证活动符合集体要求，富有教育意义。按照目的设计好活动的计划，保证每个环节都紧紧相扣，使活动前的准备更为充分。班委会和班干部在班级活动中随时发现问题，及时指正，使活动顺利地完成。

2. 灵活性和综合性

活动的内容、形式和效果的表现方法灵活多样，同时，学生在活动中既表现出知识技能的综合运用，又通过活动接受多方面的综合影响，从而促进其全面发展。班级活动的内容不像课堂教学那样受教学目标任务和教材的限制，课堂教学的形式主要是以班级为单位利用规定时间进行教学的班级授课，班级活动就灵活多了，它可以外出参观访问，可以进行"野炊大比武"，可以动手写写班级的历史，可以是晚会、联欢会。活动的主题或内容，可来自学生身边出现的问题，可结合社会活动进行，可涉及大家共同喜爱或关心的话题。从生活中随意采撷，新颖有趣又生动亲切。

班级活动之所以比单纯讲解、说教更受欢迎，正是由于它的多姿多彩、新鲜有趣吸引了好奇和精力充沛的少年儿童。同是号召"爱集体、爱学校"，不同时间、不同年级，可以设计出"做一朵文明花""让教室和心灵一样美""学习雷锋""留下一片爱心"等班级活动。

3. 开放性和实践性

活动是学生与生活、学校与社会进行联系的纽带。它为培养学生的实践能力提供了极有利的条件，是学生重要的实践活动形式。它可以更好地发挥学生的主动性，培养自我教育的能力。

班级活动的内容

班级活动的内容十分丰富，主要有：

1. 思想品德活动

这是以对学生进行思想政治教育和品德教育为主要目的的活动。

2. 科技活动

这是以培养学生运用知识和实际动手操作能力，发展创造才能，激发对科学技术的兴趣和爱好为主要目的的活动。

3. 文学艺术活动

这是以丰富学生文化生活，陶冶情操，培养艺术欣赏和创造能力为主要目的的活动。

4. 体育娱乐活动

这是增强学生体质，提高运动水平，培养学生的审美情趣，获得身心愉悦满足，培养各种优秀品质为主要目的的活动。

5. 社会公益活动

这是以学习有关劳动的知识技能，培养劳动习惯，培养社会责任感和义务感为主要目的的活动。

6. 课外阅读活动

这是以开阔学生视野，补充新知识，提高阅读能力为主要目的的活动。

所有这些活动，都有培养和教育的因素，都包含有促进学生全面发展和培养素质基础方面的内容。

班级活动的形式

班级活动的形式是多种多样的，可分为：

1. 班集体活动

班集体活动是在班主任的直接领导或指导下由班委会、少先队组织开展的。它可以在单位时间内使班级全体学生受到教育，对活跃班级学习很有帮助。班集体活动中，比较普遍的有班会活动、少先队活动、劳动、节日活动等。

2. 小组活动

这是班级活动的基本组织形式。它机动灵活，小型多样，能照顾到学生不同的兴趣、爱好，使学生得到更多的学习和锻炼机会，有利于发展学生的个性、才能。它分为学科小组、科技小组、文艺小组、体育锻炼小组、公益服务小组、家庭学习小组等。

3. 个人活动

这是学生在班委会指导下进行的独立活动，包括阅读、观察、练习创作、书画、模型制作等等。这种活动能使有特殊才能的学生得到充分的发展。

对班委会来说，无论什么内容和形式的班级活动，都必须根据班级学生个性发展的需要，利用条件组织安排。

班级活动的原则

目标性原则

基础教育的培养目标是：小学和初中对儿童、少年实施全面的基础教育，使他们在德、智、体诸方面得到发展，为提高全民族素质，培养社会主义现代化建设的各级各类人才奠定基础。班级活动也要围绕这一目标进行，促进学生全面发展。

在五（1）班的教室里，讲台上端端正正地放着一个黄底红字的"理想信箱"。开学时，针对班里的问题（学习好的同学不愿帮助别人；有的同学学习不认真，对考试存在着侥幸心理；有的同学贪玩、打闹等）开展"理想信箱"活动。活动程序是：我的理想的秘密，从自己做起，谈理想比进步。让每个同学把自己的理想和实现理想的措施用书信的形式写出来，并投入信箱，内容对任何人都保密。理想促进了同学们争强好胜的劲头，也推动着同学们前进的步伐，使集体面貌发生了很大变化。有的同学积极参加校微机小组活动，在少儿计算机通信赛中获奖；有的同学在体育比赛中多次获奖。班里打架骂人的现象几乎全部消失，作业干净整齐，各科测验成绩直线上升。班里的椅子坏了，有人悄悄修好；地面脏了，有人不声不响地扫干净；同学们互相帮助，有难题一起讨论；后进同学也鼓起了学习的劲头。学期末，该班举行开箱仪式，同学们畅谈理想，班长宣读了"保密信"，班主任老师祝贺大家的进步，也提出诚恳意见。理想推动了同学的进步，集体的转变，使学生提高了对理想和现实努力之间关系的认识。

实效性原则

在班级的管理和建设中，不同阶段都会出现这样或那样的困难。学生的成长，不仅受学校教育的影响，也受家庭、社会的影响。班级活动的设计，要从学生思想实际出发，采取生动活泼的形式和有针对性的教育内容来服务于教育目的，解决普遍存在的问题。

自主性原则

活动的主体是学生。在活动中，可以向老师们请教，但更多的是依靠学生自己来进行。与课堂教学相比，班级活动更有利于学生自主作用的发挥。在活动中，学生可根据自己的兴趣爱好、特长，选择不同的任务，使自己得到更大提高，也培养了大家自我管理、自我教育的能力。

某校三年级学生搞了一次需要两三个月才能完成的主题活动——"小队家访"。以小队为单位，由队委组织在两三个月内访问完本小队的 12 名同学，也就是说，每人当一次"小主人"，当 11 次"小客人"。4 个小队排成整齐的纵队，分别向自己小队确定的目标进发，小队旗在前头高高飘扬。班干部当然要积极参加，并进行检查。活动主要由小队长负责，每位队员自觉遵守活动规则。活动增强了同学间的了解和友谊，鼓励同学在家中要尊老爱幼，做爱劳动的好孩子，同时培养同学礼貌待人，文明用语。

组织各种班级活动

组织社会调查活动

社会调查是对某一社会生活领域某一地区的社会现象、社会问题、社会事件，用实际调查的手段，取得第一手资料，用以说明解释所要了解的各种事实及其发生原因和相互关系。社会调查是一项综合性和实践性很强的科学实践活动，班委会在组织同学进行社会调查前需要做好下面几个环节的工作。

第一，做好调查前的准备工作。调查前的准备工作包括调查目的、调查对象、调查时间安排、调查程序及调查注意事项等内容，调查前的准备工作必须做得周全、充分和扎实。

第二，做好调查实施工作。首先，组织联络。班委会组织同学到某地去进行调查之前，必须预先进行联系，在征得对方同意的基础上，才能着手进行组织调查。其次，开展调查。调查可采用访问调查法、普遍调查法、典型调查法、抽查调查法、问卷调查法和追踪调查法等。这些方法在具体实施中可以灵活使用。

第三，调查结束后，要及时进行总结。

案例：聋校调查

主题思想：通过"聋校调查"，使同学们更好地了解我国当代残疾儿童的教育状况、生活状况，提高同学们对当代中国社会教育的认识，加深对团中央"希望工程"的理解，增强同学们作为祖国一员的历史使命感。

活动准备：班委会提前到聋校联系调查事宜，安排活动的步骤，然后引导同学们进一步明确活动的目的，组织全班同学学习有关特教知识。

活动实施：组织全部同学按预定计划到达聋校。在校门口，受到聋校校长、副校长和教导主任以及几位特级教师等的热烈欢迎。首先，在校礼堂听取了聋校建校的历史简介，然后观看了聋校校史展览，参观外宾接待室、中学部学生教室及美术室、缝纫室及实验教室和聋哑人的寝室，最后召开大会，针对所见所闻，同学们提出了一些与实践联系紧密的问题，并得到了耐心的回答。

活动分析：这次活动目的明确，主题突出，特别是活动形式新颖。从中，同学们看到了我国对广大残疾儿童的热情关怀，认识到社会主义制度的优越性，这较之于书本的抽象知识，更具有现实意义和说服力。另外，活动准备工作充分也是特色之一。从活动的主题确定、联系到实施都有条不紊，有生气，有收获。这次活动不仅是一次职业教育，也是一次爱国主义教育。

美中不足的是，这次活动时间太短，以至于对聋校情况了解得不太全面，也不够深刻。全班一起活动，没有编组，同学之间缺乏信息交流。

开展此类活动，要注意的是：其一，确定题材要新颖，要与自身实际相结合；其二，准备要充分，尽量将联系工作提前，使同学们能全面地掌握活动中必须具备的知识、技能；其三，做好图片记录、书面记录。第四，注意巩固好活动成果，可以以班会等形式，要求大家及时总结。

组织社会公益活动

社会公益活动是指直接服务于社会事业的无偿的义务劳动，是对同学们进行共产主义教育的有力手段。一般学校性社会公益活动必须从以下几方面进行考虑：

第一，找准服务内容。社会公益活动不是毫无目的的，这种目的必须通过服务的内容加以体现。是到工厂、农村劳动，还是帮助老弱残幼，义务咨询等，都必须根据当时当地的具体情况认真确定。

第二，找准服务对象。服务对象确定得如何，直接影响到活动的效果。比如一般情况下，帮助孤寡老人送煤洗衣就比帮助一般人要强，到公共场所打扫卫生就比在其他地方打扫要强。总的来说，服务对象一般具有几个特征：确实需要帮助、需要技术和科学的人或物。

第三，找准服务点。有些社会公益活动点和对象具有统一性，有些就不具备（如咨询、服务、献血等）。那么这些活动在选择地点上就要有所考虑，哪个点服务的对象相对来说较多些，哪个点人流量较大，那么客观效果和反馈作用就要大些。

第四，找准服务主体。服务主体也就是提供服务的同学。主体者的素质如何直接影响着效果。若是技术咨询类的活动，就应找有专业特长的同学参加，体力劳动性的活动就应找能吃苦耐劳的同学参加。当然，这几方面都应兼顾，对主体的考虑不能说不重要。

第五，找准服务结合点。开展一项社会公益活动，不应把它纯粹当作一次活动来开展。应尽量考虑与当前的形势、社会反映结合起来，例如募捐与学雷锋就是一个结合点。活动应对同学有教育作用。

案例：留下一片绿阴

主题思想："留下一片绿阴"班级活动是为了培养学生主人翁精神，自己动手创建和保护校园内优美的学习、生活环境；为了让学生认识到环境保护的重要性及保护生态平衡的紧迫性，同时培养学生热爱劳动的观念。

准备实施：为了使这次活动收到较好效果，某校高二（1）班的学生从3月5日到3月15日做了认真的、大量的准备工作。首先，请有关领导讲述学校几十年来绿化校园的成果和把母校建成花园式学校的构想及实施步骤。其次，全班同学分头查寻国内外重视环境保护的资料，收集由于破坏了生态平衡而受到自然惩罚的例证。在此基础上，同学们一起讨论保护生态平衡的紧迫性以及保护生态平衡与美化校园的关系。班会决定为了保护环境，为了美化校园，自己动手栽树植草。最后，同学们与园林科联系，确定时间、地点，准备工具。

活动实施：3月28日（星期日）早上7：30，高二（1）班的学生走出宿舍，每人仅吃了两个馒头，早早地到工地等候。在工人师傅们的指导下，严格按照间距、行距的规定挖好一个个直径、深度各为0.5米的树坑，将树苗放在坑内栽好，浇上水。然后给每棵小树挂上写有树名的铁牌，以便其他同学和过往行人辨认树种。每位同学还在所挂的牌子上搞了一个"小动作"：在铁牌的后面记上了栽树人的代号，以便多年以后再回母校看看自己栽种的树苗为校园留下了多少绿阴。

活动分析：这次活动目的明确、准备认真、形式活泼，使一次简单的植树劳动成为一次有深刻教育意义的班级活动。这次活动通过教师讲述学校几十年的绿化成果，使学生们认识到美丽的校园是师生们通过辛勤的劳动换来的，校园内的一草一木浸透了老教师老校友们的汗水。增强了学生主人翁意识，主动要求自己动手美化学习、生活环境。

这几年来，由于受社会上不良风气的影响，部分学生认为自己是来学知识的，学校应该为其创造一个优美的学习、生活环境。稍遇到有不尽意之处就大发牢骚，对公物和别人劳动的成果，如花园的石桌、石凳不爱护，移动或推垮，随意攀枝摘花，践踏草坪。长期下去，只会使学生养成懒惰、没有责任感等恶习。开展"留下一片绿阴"活动使学生认识到自己不是过路客，而是主人，自己有责任和义务动手美化校园，要珍惜别人的劳动成果，并自觉地加以保护。这次活动之后，高二（1）班同学订了一条规定：今后决不攀枝摘花，践踏草坪。

这次活动采取了给树挂牌的方式，极大地调动了学生的积极性。挂牌一方面帮助学生增加了一些课外知识，学会辨认一些常见的花草树木，另一方面由于留有学生自己的记号，激发了学生的兴趣。同学们在劳动中特别认真仔细，害怕由于自己的某种疏忽而影响树苗成活，而且植树过后，学生们还常常去那片树林关照自己的"杰作"。这次活动给学生们留下了美好的回忆，这些回忆不断地激励他们像小树一样茁壮成长，为人类做出更大的贡献。

班委会在组织带领同学们开展这种活动要注意：其一，不能让同学们把这种活动只看成一种单纯的劳动，完成栽几棵树的任务，而是要提高认识，明确目的，主动参加；其二，这种活动时间性强，一般安排在每年的3月至4月上旬较合适，过早过晚都会影响树苗的成活率，影响活动的效果。

组织学习竞赛活动

学习竞赛活动是学校浓厚学习空气、激励学习竞争、检验学习效果、调动学习积极因素、提高学生创造能力的一种手段，也是学校各级组织开展学生活动的一种形式。这项活动的组织开展有一定的难度，学习竞赛活动究竟应如何组织呢？

第一，在选择竞赛内容方面要准确，学习是广泛的，学习竞赛的内容也相应是广泛的。如政治理论学习、时事政策学习、专业学习、实践能力学习、行为规范学习、社会知识学习等等。因此，在选择竞赛内容上要做到广泛性与重点性、专业性和兴趣性的结合，做到选择的多角度、多方位，使参加者机会增多，人员增多。

第二，在选择竞赛的组织方式上，可考虑这几种方式：一是基础课程的理论知识和实践能力，进行量化考核达标；二是单项技术竞赛；三是"小发明、小创造"活动竞赛；四是理论研究活动竞赛；五是综合测评。

第三，在选择竞赛活动的方法上要注意理论性、实际性、灵活多样性、公平性与趣味性等因素。根据不同情况、不同内容，可采取书面答卷、集体答卷、现场答卷、现场操作等方法。

第四，在组织活动时要注意上下左右之间的联系。对下要摸清底细，以便选准内容、方式、方法，预测竞赛活动的效果，做到心中有数。对上要听取指导，以便进一步使活动计划在思想方向上更为正确，同时在竞赛活动的时间上、场地上得到保证，对上下左右要广泛联系，扩大活动的交流面和效果。

案例：班组小报竞赛

主题思想：这次活动的目的在于促进同学们锻炼和提高自己的文字能力，为同学们开辟一片发挥文学才能的天地，使同学们明确人生、理想和现实之间的辩证关系，并增强全班同学的集体主义观念，丰富其业余文化生活。

准备实施：

第一，首先班长作为主持人，召开团支部和班委会联席会议，聘请辅导员一起讨论和确定小报竞赛的宗旨、目的、具体形式和内容，并草拟详细的评分标准。

第二，召集全班成员开班会，向全班同学宣传本次竞赛的目的、宗旨及具体设想，并公布评分标准（草案）。

第三，召集团支部和班委会成员及各小组长开会，了解、收集同学们的意见和建议，共同确定最后的评分标准，小报的规格及交报日期，并确定评委的名单（由各小组长和聘请本年级另外几个班长担任）。

第四，经过一系列的准备工作之后，各小组即开始进入紧张的组稿工作。在组稿过程中，由于事先的广泛宣传和发动，充分调动了全班成员的积极性和创造性，各小组成员均能为本小组小报献计献策，写出一篇篇佳作，包括诗歌、散文、文学评论、影评、人生哲理和社会现象的讨论、小幽默、好人好事的表扬稿等等。

第五，由班委会将各小组小报贴到班内宣传栏，让师生观看、评议。

第六，全体评委对小报进行最后评比，采用不记名投票的方式，评出第一名。

第七，全班同学开班会，由班长进行总结，并对第一名的小组给予鼓励和奖励。

活动分析："班组小报竞赛"活动是以班委会、团支部、小组长作为核心，以全班成员作为主体，根据学生语言文字能力欠缺这个实际而组织和开展的。其特点是通过竞赛，将枯燥、单纯的语言文字的学习变得灵活、新颖、富有特色，寓赛于学来调动同学们的积极性，旨在通过这个活动，在学生中掀起一个学习和提高自己的文字能力的高潮。整个活动内容积极健康，主题鲜明，形式新颖，涉及面广，包括思想、学习、时事、生活和工作，充分挖掘了同学们的文学天才。在参赛作品中，全部文章由学生自己设计、排版，同学们对人生、理想、社会现象等进行了探讨，使同学了解了人生，增强了学习兴趣，锻炼和培养了能力。在交流思想中沟通了感情，增进了彼此的友谊。同时，培养了全班同学积极向上的集体主义观念，为树立优良的班风起到了很大的作用。

开展这种活动需要注意的是：其一，准备工作要充分，应充分调动全体同学的积极性；其二，规则要合理、公平；其三，时间安排要紧凑；其四，保证文章质量，增加可读性。

附竞赛规则评分标准（百分制）：

①内容积极健康，形式多样，主题鲜明（40%）

②作品必须90%以上是本组同学自己创作（20%）

③版面设计新颖、合理，字迹整洁（20%）

④人员参加率（20%）

组织课余活动

学生除了课堂学习时间外，还有大量的课余时间。如果课余时间安排不好，不但课余活动开展不起来，而且还会影响课堂学习，无形中给学生带来苦闷和烦恼。所以，班干部要主动想到这个问题，帮助同学们安排好课余时间，组织好课余活动，使他们既能学习好，又能有丰富多彩的生活。

第一，要制订课余活动计划。班干部要了解本班每个学期的课程安排情况，根据学期的学习任务，科学地安排课余活动，制订出切实可行的计划，使同学们有规律地学习、工作和生活。

第二，要帮助同学处理好学习与参加活动的关系。学生的主要任务是学习，因此对学生来说，学习是第一位的，参加活动是第二位的。班干部要引导本班同学在完成学习任务的前提下，积极参加课余活动，绝不能因为活动影响学习，更不能本末倒置。

第三，课余活动要结合本班同学的思想实际、学习任务以及生理、心理特点来开展，要努力为学生的成才服务。

第四，课余活动要丰富多彩，形式多样，使不同兴趣的同学都能参与，不同特长的同学都能得到发挥，同时又要有固定的活动形式。

案例：点子公司

活动目的：

（1）通过开设"点子公司"，诱发同学们的奇思妙想，启迪创造发明，激发他们积极主动地探索求知。

（2）让更多的同学参与活动，培养创新意识，锻炼他们的创造能力，全面提高他们的素质。

活动形式：以"点子公司"为载体，将朗诵、歌舞、当场演示与讨论交流相结合。

活动准备：

（1）组建"点子公司"，聘任总裁 1 名，部长 4 名。

（2）多媒体活动备件、录音机等活动器材。

（3）现场操作演示的器材。

活动过程：

主持人：首先，请大家跟随我走进历史，回顾一下人类是怎么样通过不断地创新来改变世界的（播放有关内容的多媒体动画）。

甲、乙两位同学上：我们是《小干部》杂志的小记者，想来采访一下你们"金点子"公司的总裁。

总裁：我们的"金点子"无数。譬如说吧，一个同学给我们提出了一个好点子，可以帮助同学们快速地背出文章。

甲：那我这儿有首小诗，给你们5分钟，你们能背下来吗？

总裁：请我们的同学上场！

乙：听好了——"如你想把世界奥秘探寻，就请开动你的脑筋，这世界藏着多少奇妙的问题，请不要把脑筋只用来死记书本，会独立思考才是有用的人，我们不要做书呆子，要做机灵聪明的智多星。"

（同学试背，其他老师、同学参观"点子公司"的成品模型：移动房子、转动型晾衣架、电子拐杖、可添墨汁的毛笔等）

甲：看来，你们公司还真红火！我们一定会向全国的同学们介绍的！

总裁：谢谢！我们的口号是：动动你的脑子，想想好的点子！

办好各种板报

板报是全班学生学习和生活的园地，是教师对学生进行思想品德教育的阵地，同时也是班主任了解班级学生思想、发现学生才能的途径，所以班干部应在班主任的指导下有计划、有目的地办好板报。

板报最好按期出，以两周更换一期为宜。时间太长了，学生就看厌了，就失去了板报的意义。时间太短，学生还没有全面了解板报内容，无法体会板报的艺术。当然，出现特殊情况也可以灵活处理。低年级的板报一般都由老师自己办理，中高年级可以成立板报编辑组，选出有写作能力、兴趣广泛的同学，加上班委会共同组成。在出板报的过程中，在编辑方法，包括选材、排版、书写、插画等，要接受班主任和其他教师的具体指导，逐步培养和锻炼自我的独立工作能力。另外，也要发动全班同学搜集材料和写稿，调动大家的积极性，使人人关心板报，大家都做板报的主人。

板报的形式力求活泼多样。要注意学生的年龄特点和年级差别。低年级的板报要以形象的图画为主，有时可以剪贴，适当地注上拼音。如一年级入学后一个月便是国庆节，可以在板报上画四个大灯笼，在灯笼上分别写上"qìng zhù guó qìng"，上端画上光芒四射的天安门，再在下面用拼音写上"zhōng huá rén mín gòng hé guó wàn suì"。到了二三年级，文字就可以适当增多。高年级应以文字为主，插图的分量应相应减少。

就板报的内容而言，它应与学校、班级的教育中心或开展的活动相配合。每一期板报最好围绕一个中心，并配合其他内容。例如开学初的第一期板报，可以介绍同学们在假期中的好人好事，可以提出新学期的希望和要求，并选登一些同学在新学期的打算。又如在开展"五讲四美"活动中，板报内容可以刊登"五讲四美"的歌曲、诗词、故事，或者表扬同学中的优秀事迹。这样，班级思想教育工作的力度就会进一步强化。在学期的中途或期末，结合班级评选"三好学生""优秀少先队员"等，可以把当选的同学名字写在板报上，在每一个同学的名字上画上表示表扬或鼓励的图像，把板报办成光荣榜，鼓励先进更先进，教育后进赶先进，从而有助于形成朝气蓬勃、积极向上的良好班风。另外，板报的内容还可以结合节日时令，向学生介绍节日的来历和历史意义。例如六一儿童节时，可用有关的文章或转抄报刊中的诗歌、文艺节目来庆祝节日，激励小学生勤奋学习，争取成为祖国明天的栋梁。板报的插图也要与内容相协调。国庆节可以画上天安门、飘扬的国旗下五颜六色的大气球，六一、元旦则可以画上艳丽的大花朵、红灯彩带等。

还有，板报的内容要有利于丰富学生的知识，发展学生的能力。板报中可以展览学生的优秀作业，让大家观赏、学习，调动大家学习的积极性。例如，好的日记、图画、作文、数学作业等等，通过批改、挑选、归类后，贴在板报栏内。板报上的这些内容可以使被选上的同学产生荣誉感，更加激发刻苦学习的精神，对于其他同学也有激发向上的作用。另外，每一期板报也可以划出一块固定的版面介绍有关内容：在数学方面可以介绍数学家的生平、数学游戏、趣味数学题及难题讨论等；在语文方面，可以介绍文学家的故事、成语故事、拼音游戏、文章选讲、古诗佳句欣赏，开设"病句医院"等。此外，还可以介绍一些科学小常识，如"什么是互联网络""我国古代的观星台""真的有黑洞吗"等，同时还可以介绍"世界新闻""国内聚焦""每周一游戏""祖国各地"。让学生站在黑板报前思索，热烈地争论，津津有味地品赏。这样，天长日久，就可以丰富学生的知识，发展学生的思维，培养学生多方面的学习兴趣。

总之，板报的形式要清新活泼，语言要浅显明白，篇幅短小生动，内容要能反映自己班的情况，要适应学生的年龄特点和教育目标的要求。只有这样，学生才爱看，并且能看得懂，从中受到鼓励和教育，得到启发和乐趣。

案例：《世纪儿童》专刊设计

（1）《世纪儿童》专刊的设计过程

在庆祝六一儿童节和庆祝中国共产党建党 90 周年的前夕，班里要出一期《世纪儿童》专刊。同学们都感到，作为新世纪的一代新人，要说出世纪娃娃的心里话，报道并展现新世纪儿童的亮丽风采。但怎样设计可真是个大难题。对此，班委会向同学们提出了以下三点参考意见：

①版面体现新世纪主题。

②结合现代科技的发展，展现新世纪儿童的时代风采。

③版面设计体现与众不同的创意。

在班干部的主持下，同学们热烈地讨论开了。有的要表现班级的活动主题；有的要表现新世纪的特点；有的要突出体现现代科技。种种方案都很好，真正操作起来就难了，画什么，怎么画就成了大难题。其实，做起来并不难，多想点办法问题就全解决了。最后，同学们一致达成了以下几点意见：

①找点有关中华世纪坛的图片，展现中华民族的新世纪人文文化。

②世纪娃娃的形象，在《多纳高》卡通科普贴画大派送的第 36 张——《21 世纪科技将会有更大的飞跃中》提取卡通世纪娃娃的形象。

③以数枚世纪科技火箭来错落编排，使版面更有现代科技时代感，以形态各异的火箭表现现代科技的飞速发展。

④再好的版面设计都是为主题服务的。把同学们的世纪寄语写在每一枚火箭上，是同学们最成功的设计。在班委会的共同讨论下，把同学们的

轻松当好班干部

风采照，剪贴在每一枚火箭的驾驶舱内，充分展现世纪儿童的风采。

（2）《世纪儿童》专刊设计后的反思

以前，一提起"板报"这个词，班委会的头就大了。因为以前班委会出的板报总是找不到稿子，不知道该写什么好。

现在就不同了。班委会把一些好的班会、班级活动写到板报上，还可以把同学们的小制作、学习的小窍门、同学们中间的好人好事、不良现象的提示等内容写到板报上去。班委会事先设计了多个小栏目，如"新发现""小窗口""消息树""小知识"等等。

此外，班委会还从高年级板报小组那里学习到很多的办报方式。总结出办好板报有"五招"：

①报头要新颖，让人一看报头就想看你的板报。

②内容要丰富，写一些有意义、有价值、有新意的活动。

③版面要合理、新颖。

④绘画要夸张，要与板报的内容相吻合。

⑤颜色要鲜明，搭配要合理，鲜艳而不能乱。

每一次班委会出板报的时候，就按照这"五招"要求自身，所以在学校板报评比活动中，这个班级的板报获得了"最佳小编辑奖"。

班干部如何做好日常性工作

例行性工作

例行性工作是指按照规定，必须定期完成的工作。班干部有许多例行性工作。

制订工作计划

工作计划就是对即将开展的工作的设想和安排，如提出任务、指标、完成时间和步骤方法等。工作计划是提高工作效率的有效手段；工作计划是走向积极工作的起点；工作计划是提高管理水平的措施。

无论是单位还是个人，无论办什么事情，事先都应有打算和安排。有了计划，工作就有了明确的目标和具体的步骤，就可以协调大家的行动，增强工作的主动性，减少盲目性，使工作有条不紊地进行。工作计划也是对工作质量进行考核的标准。

班干部作为班的管理者，必须知道自己的工作任务与目标，知道自己的工作责任与工作内容，善于制订工作计划。

1. 制订工作计划的要求

（1）工作计划的内容要实在。

（2）工作计划要简明扼要、具体明确、用词准确。

（3）工作计划要便于操作。

2. 制订工作计划的步骤

（1）根据班主任的指示和班级情况，确定工作方针、工作任务和工作要求，再据此确定工作的具体办法和措施，确定工作具体步骤。

（2）根据工作任务的需要，明确分工。

（3）根据工作中可能出现的偏差、障碍，确定克服的办法和措施。

（4）计划草案制定后，要组织同学讨论。

（5）在实践中进一步修订、补充和完善计划。

3. 工作计划的一般格式

（1）标题的格式

①计划的标题，包括四部分内容：计划单位的名称、计划时限、计划内容、计划名称。

②计划单位名称，要用规范的称呼。如某某学校某某年级某某班。

③计划时限要具体写明，时限不明显的，可以省略。

④计划内容要标明计划所针对的问题。

⑤计划名称要根据计划内容的要点确定名称。

⑥在标题的后面或下方用括号加注"草案""初稿"或"讨论稿"字样。

（2）正文的格式

①情况分析，即制订计划的根据。制订计划前，要分析工作现状，充分了解下一步工作是在什么基础上进行的，是依据什么来制订这个计划的。

②工作目标、任务和要求，即做什么。这是计划的灵魂。计划就是为了完成一定任务而制订的。目标是计划产生的导因，也是计划奋斗方向。因此，计划应根据需要与可能，规定出在一定时间内所完成的任务和应达到的要求。任务和要求应该具体明确，有的还要定出数量、质量和时间

要求。

③工作的方法、步骤和措施，即怎样做。在明确了工作任务以后，还需要根据主客观条件，确定工作的方法和步骤，采取必要的措施与策略，以保证工作任务的完成。

4. 工作计划的"6W"

（1）What——做什么？工作目标与工作内容。

（2）Why——为什么做？说明工作原因、此项工作的重要性。

（3）Who——谁去做？参与此项工作的人员分工。

（4）Where——何地做？工作地点、工作场所。

（5）When——何时做？工作进程、时间安排。

（6）How——怎样做？工作方式、工作手段、工作方法。

5. 制订工作计划的五大原则

（1）对上负责的原则。要坚决贯彻执行上级的指示精神，服从全局利益，反对本位主义。

（2）切实可行的原则。要从实际情况出发定目标、定任务、定标准。

（3）集思广益的原则。广泛听取同学意见、博采众长，众人参与，反对主观臆断。

（4）突出重点的原则。分清轻重缓急，突出重点，不能以点带面，不能眉毛胡子一把抓。

（5）防患于未然的原则。要有实现计划的具体保障措施和出现"意外"的补救措施。

制订工作计划的目的是为了让工作更有效率、有效果。工作计划的制订者还要负责工作计划的执行、落实、监督和检查。

做好工作总结

工作总结是对过去某一时期或某项工作的情况的回顾、评价和结论。

1. 工作总结的作用

（1）总结是推动工作前进的重要环节

任何一项工作，不管是个人或群体去进行都需要多次反复操作、辛勤劳动才能完成。每一次具体实践，都有成绩与失误、经验与教训，及时总结就会及时取得经验教训，提高认识和工作技能。

（2）总结是寻找工作规律的重要手段

任何一种事物、一项工作，都存在内在联系、外部制约，都有它自身的发展、运动规律。遵循这些客观规律办事就能顺利达到预期的目的，否则就会受到违背规律的惩罚而招致失败。而要找寻、发现客观规律的途径就需要总结。

（3）总结是提高工作能力的重要途径

一个人的工作能力是指他承担某项工作、执行某项任务的能力。解决、处理实际工作的能力不是天生的，主要通过实践培养起来，总结是提高能力的重要手段。

（4）总结是团结同学、赢得班主任支持的办法

一件工作、一项任务完成之后必须进行总结，在总结中找出成绩与缺点、胜利与失败、经验与教训，实事求是地作出评价，这样的总结让同学心服口服。通过总结把成绩、经验、问题和今后的努力方向等向班主任汇报，能引起班主任的重视，赢得班主任的指导与支持。

2. 工作总结的内容

（1）标题

①公文式标题：单位名称＋时限＋总结内容＋文种。

②文章式标题：一般是直接标明总结的基本观点，常用于专题总结。

（2）基本情况

以简明扼要的文字写明在本总结所包括的期限内的工作根据、指导思想以及对工作成绩的评价等内容。它是工作总结的引言，只要很短的一段

文字就可以。

（3）工作回顾

要详细地叙述工作任务、完成的步骤、采取的措施和取得的成效、存在的问题。特别是对步骤和措施，要写得详细、具体，对取得的成效要表达得形象生动。在写工作回顾的过程中，还要有意识地照应到下一部分的经验教训，使之顺理成章地引出来，不至于造成前后不一的感觉。

（4）经验教训

应从工作回顾中很自然地归纳提炼出来。一定要写得丰富、充实，并选用具体事例适当地展开议论，使总结出来的经验和教训有论点，有论据，有血有肉，鲜明生动，确实能给人以启发和教益。

（5）结语

主要写明今后的打算，也只需写很短的一段话。

（6）总结正文写完以后，应该在正文的右下方，写上总结单位（或个人）的名称和总结的具体日期。

3. 写工作总结需要注意的问题

（1）工作总结的开头，不要写过多的感慨，不写与工作无关的空话。

（2）不要将工作总结写成岗位职责。写出你都做了哪些工作，要将成绩先列出来，写值得一提的工作难点及克服过程。

（3）尽量多用数字、表格和图表的方式来展示和说明你取得的成绩。

（4）总结必须实事求是。事实要准确，不能报喜不报忧，不要夸大其词。对于自己工作不足的地方也要详细说明。

（5）总结的观点要正确。观点正确，是总结能否站得住的关键。同时，还需要有能够说明观点的素材和具体的内容，这样的总结人家看后才有所收获。

（6）总结的文字要力求准确、生动。总结是概括实践，反映客观事物的，因此用词要确切。总结要尽可能地多用人们所喜闻乐见、形象生动的语言。

（7）要总结出规律性的东西。对大量材料要反复分析研究，抓住其中的主要矛盾、本质特点，找到带有规律性的东西。

（8）注意排版。要有自己的风格，不要套用从网上下载的模板，力争做到版面清晰、美观大方，有必要的话可以制作 PPT 演示文稿。

实施评优工作

学年末，一般都要在学生中开展评优工作。如评"三好学生"、优秀学生干部、优秀团员、优秀少先队员、先进班集体、先进社团等。评优工作一般由班主任负责，由班委成员具体实施。班干部要认真负责地做好本班的评优工作。

（1）按照学校规定组织本班的评优工作。

（2）按照学校给定的标准评选符合条件的学生。

（3）严格遵循评优程序。向全班同学说明评优的内容、条件、公选的具体时间及注意事项；从不在参选范围内的同学中抽取 3 至 5 名同学进行计票，若全班同学均为参选对象，则从全班同学中随机抽取计票人员；组织全班同学采取无记名投票的方式进行民主投票；将公选结果按票数的高低排名，按照评优的名额从高至低确定最终人选。

（4）评优过程必须遵循民主、公开、公平、公正的原则。

另外，班干部在征得班主任同意的前提下，可以在本班范围内开展评优活动。如评选单项优秀生、单科优秀生，评选班级之最等。让更多甚至全体学生都获奖，有利于激励中等生和后进生。

经常性工作

经常性工作是指平时不定期开展的工作。班干部有许多经常性的工作。

组织开展班级活动

班级活动是在班主任的指导下，根据国家和学校的培养目标，有目的、有计划地为实现班级教育目标而举行的各种教育活动。

班级活动多种多样,按活动内容分,有学习活动、科学技术活动、文娱体育活动、文化艺术活动、社会实践活动、社区服务活动等;按发生的场所分,有课内班级活动、校内课外活动、校外活动。班干部组织开展班级活动首先要确定活动内容和活动方式。

1. 班级活动主要类型

(1) 学习活动——为了促进学生学习而开展的一些扩大知识视野,提高学习兴趣,培养和提高学习能力的活动。主要方式有:学习方法讲座、优秀作业展览、学习经验交流、知识竞赛、智力竞赛、课外阅读活动等。

(2) 科学技术活动——为了扩大学生的知识领域,培养学生对科技的兴趣和爱好的活动。主要方式有:科技参观、科技兴趣小组、科技小发明、科技小制作等。

(3) 文体活动——为了丰富学生的课余生活,陶冶情操,净化心灵,强身健体而开展的文娱体育活动。主要方式有:校园歌曲大赛、球类比赛、游艺活动、文艺晚会等。

(4) 社会实践活动——为了培养学生的观察力、思考力、分析力、实际操作能力,增强学生体验,增强服务意识和责任感的实践活动。主要方式包括参观、访问、社会调查、社区服务、公益劳动、志愿者工作等。

2. 组织开展班级活动要坚持如下几条原则

(1) 人本原则

组织开展班级活动要坚持以人为本的基本理念,真正做到一切为了学生,一切依靠学生。

(2) 教育性原则

组织开展班级活动要有教育性,内容的选择要来源于现实,真正做到贴近学生生活,贴近学生学习,贴近学生实际,要符合学生需要,要有利于促进学生的健康成长。

（3）趣味性原则

组织开展班级活动要具有趣味性，班级活动形式一方面要与活动内容相适应，另一方面要考虑活动形式的吸引力和学生参与的程度。真正做到形式灵活多样，寓教于乐，寓教于动，寓教于生活。

（4）可操作性原则

组织开展班级活动要注意可操作性，无论是内容的确定，还是形式的选择，组织开展班级活动都要考虑到本班的实际情况和现有条件，绝对不要脱离实际，要真正做到便于学生参加，便于实施。

（5）周到性原则

组织开展班级活动一定要周到。内容安排要周到，做到目的明确，主题鲜明，内容合理。准备工作要充分，如组织文体活动时，节目的排练、顺序的安排、会场的布置等都要事先做好。如外出活动时，所到场所、乘车路线等要事先考察。活动管理要周到，如选择确定合适的活动主持人，事先赢得班主任的支持或任课教师的配合。总之，组织开展班级活动要注重各个环节，整个活动过程要真正做到周到、细致、严谨，尽可能避免失误和疏漏。

（6）安全性原则

户外、校外活动，尤其是野外活动一定要注意安全，真正做到安全第一。

3. 组织开展班级活动的程序

（1）计划——活动过程的起始环节。计划的具体内容有：活动名称、目的要求、形式、步骤、时间、地点、活动器材、各项具体活动的负责人、活动评价、活动管理等。

（2）实施——活动过程的中心环节，是达到活动目的，完成活动要求的基本手段，是活动全过程的关键。班级活动要按照活动计划去展开，允许在实施过程中对原计划作必要修改。

（3）检查——活动进行过程的中继环节。计划实施一段时间之后，就要将计划和实施情况与计划作比较，看实施情况是否符合计划的预设要求，了解实际效果。

（4）总结——活动进行过程的终结环节。要用科学的方法，对已经做过的工作进行评价，肯定成绩，总结经验，指出缺点，进而明确下一个活动应努力的方向。

宣传工作

宣传是指综合利用各种传播媒介，按照班集体的意图向公众进行自我表白、自我介绍的活动。宣传是班集体建设的重要手段，通过宣传让公众了解本班的情况，提高本班的认知度，促进班集体建设。

宣传可以分为内部宣传和外部宣传。内部宣传面向本班同学、老师；外部宣传面向校内全体老师、学生和校外学生家长及其他人士。

宣传方法有：口头宣传、文字宣传、图像宣传、实物宣传、综合宣传。

做好宣传工作需要注意的事项是：

1. 使用多种宣传方式

可供班干部选择的宣传方式很多，如板报、壁报、手抄报、传单、图片展、广播、影像播放、成果展示、作品展示等。有条件的学校、班级可以制作班级网页或网站。

2. 宣传内容要真实

宣传的信息必须真实，不能宣传虚假信息。

3. 宣传要适当

宣传的时间、次数、范围等要适当。

4. 全员参与

宣传工作不单单是宣传委员的事情，也不只是班干部的事情，而是全班同学共同的事情。班干部要善于发动同学，让全体同学都参与宣传工作，自觉成为本班的宣传员。

协调工作

班干部要协调各种关系，为本班营造和谐的环境，确保班集体能够健康、和谐发展。

1. 需要班干部处理的关系

（1）要处理好本班同学关系

本班同学关系和谐是班集体建设的源泉。同学之间本应该相互尊重、相互关心、相互理解、相互信任。但是，在现实生活中，同学之间因智力、能力、兴趣、性格等方面的差异，在学习、生活、工作方面都有好、中、差之分。班干部要善于协调各类学生的关系。

①依靠优等生

一个班要形成良好的班风，就必须依靠勤奋好学、积极向上的优等生，让他们成为学生的榜样，带动全班学生共同进步。班干部要充分肯定他们取得的成绩，但绝不以偏概全，无视其不足，要启发引导他们正确地评价自己和他人，发扬团结友爱、乐于助人的作风。

②重视中等生

中等生往往不引人注意，容易被忽视。中等生的优劣直接影响到班级的整体水平。班干部应该重视他们，帮助他们改变甘居中游、安于现状的思想，充分调动他们的积极性、上进心，让他们敢于向优等生挑战。

③鼓励后进生

大多数后进生在智力上并不比别人差，他们之所以后进往往是由于对自己失去了信心，自暴自弃。后进生大多数都有很大的发展潜力，班干部应该尊重、信任他们，善于发现他们的闪光点，充分肯定他们的点滴进步，鼓励他们前进。

（2）要处理好本班同学和外班同学的关系

班干部要维护本班同学的利益，但也不能损害其他班同学的利益，要公正。

（3）要处理好同学与老师的关系

班干部要处理好同学与班主任的关系，处理好同学与其他教师的关系，要尊敬老师。

（4）要处理好学生与学生家长的关系

班干部要处理好本班学生与学生家长之间的关系，要尊重家长。

（5）要处理好本班与其他班的关系

班干部要处理好本班与其他班的关系，尤其要处理好本年级内各班关系，既要竞争，更要合作。

（6）要处理好本班与学校各部门的关系

班干部要处理好本班与学校各部门的关系，如校长办公室、团队组织、宣传部门、后勤部门，又如图书馆、资料室、阅览室、计算机室等等，要支持他们的工作，遵守纪律。

2. 班干部处理各种关系时，必须遵循的原则

（1）真诚原则

正正派派处世，坦坦荡荡做人。待人真心实意，不虚伪，不说假话，心胸坦荡，不隐瞒自己的观点、想法、看法。尊重人、理解人、信任人。不仅礼节上尊重人，更发自内心地敬重人，有损同学人格的事不做，有损同学尊严的话不讲，有伤同学感情的玩笑不开，有损同学名誉的流言蜚语不传播，决不拿别人的生理缺陷开玩笑，决不揭别人的伤疤和老底。忠诚守信，答应别人的事情，就要对别人有个交代，决不能敷衍了事，马虎应付。

（2）宽容原则

不强求别人和自己一致，不把自己的意志和观点强加给别人。真心为别人的进步而喜悦，为别人的成功而欢呼、喝彩。不嫉妒别人，不恶意诋

轻松当好班干部

毁别人。

（3）热情原则

主动把自己的友爱奉献给同学。当同学需要帮助时，伸出热情之手；当同学遇到挫折时，给他以热情支持；当同学遇到困难时，给他以热情鼓励；当同学情绪低落时，给他以热情鞭策。

（4）虚心原则

向同学学习，坚信每个人都有优点，每个人都有值得学习的长处。坚信"三人行，必有我师"。虚心向同学请教，虚心向同学学习，取他人之长，补己之短。

（5）公平原则

在日常学习、生活过程中，同学之间、师生之间、学生和家长之间、班级之间都难免产生纠纷，即在认识上、看法上、利益上产生矛盾冲突，这些纠纷会破坏团结，损害班集体建设。班干部要公平地解决纠纷，要尊重双方意见，决不偏袒任何一方，真正做到客观公正。

请示工作

请示，是指下级在工作中遇到超越自身处置权的事项或由于多种原因不能或不知如何处置的事项时，向上级请求批准或指示的一种行为。请示可以分为口头请示和书面请示。

口头请示：一般多用于小事、急事、常规性事务。班干部在工作过程中遇到拿不准、不知道如何处理，对自己想使用的处理办法不知道是否可行等情况时，可以向班主任口头请示。这样可以少出差错、少走弯路。

书面请示：就某一具体事项请求上级批准；就某一问题提出相应的措施和意见，这些措施和意见必须经批准后方可实施，请求上级指示。

1. 请示的结构及写法

（1）标题。一般把请示的问题在标题中写明，使人一目了然。

（2）正文。一般由开头、主体和结语三部分组成。开头，写请示的原因；主体，写请示的事项，写明处理的具体措施和意见；结语，一般另起一行写上"以上意见，是否妥当，请指示"等语句。

（3）落款。在正文右下方，应写明请示班（班干部）的名称和日期。

2. 写请示的要求及注意的问题

（1）要一文一事。一份请示，一般只请示一个问题或一件事情，不要在一份请示中同时请示两个甚至几个互不相关的问题或事情。

（2）不能多头、越级请示。班干部一般只向本班班主任请示。

（3）不能先斩后奏。请示必须在事情发生前进行。

（4）请示的原因要充分、具体、正确；请示的事项要恰当、可行。

（5）请示要有自己的主张。请示必须要给出可供选择的建议，不能没有任何主见，把问题抛给班主任。

（6）不要与报告混淆。"请示"是要求班主任给予批复。而"报告"是向班主任汇报工作，反映情况，不需要批复。因此，不能将"请示"写成"报告"或"请示报告"。

班干部必须注意，不要事事都请示。作为一名班干部，都有一定的职权，对于属于自己管理权限之内的事项，特别是日常的、例行的工作，自己主动去做就行了。这样，班主任会认为你是一个有主见、有魄力、有管理能力的人。

汇报工作

汇报，是向班主任反映情况，求得指导和帮助的重要方法，也是展示自己工作成绩、工作能力和水平的重要机会。汇报得好，班主任会对你的工作给予肯定，或对你提出的问题给予重视，进而使你能够从中受到鼓舞，增强进一步做好工作、战胜困难的信心。

汇报可分为"主动汇报"和"被动汇报"。主动汇报，是班干部主动向班主任汇报工作。如工作完成后，将工作结果向班主任汇报。被动汇报，是班主任要听你的汇报，汇报内容、汇报方式、汇报时间等，都必须听从班主任

轻松当好班干部

的安排。无论是主动汇报还是被动汇报，都应把握好以下几个关键问题：

1. 明确目的

汇报前要明确目的、明确主题思想、明确班主任的意图。

2. 抓住重点

根据汇报目的和班主任的要求，选择重点内容，找准切入点。

3. 不说废话

要根据汇报的要求和重点，事先认真准备，列出提纲或形成文字材料。

4. 灵活把握

有时在汇报过程中，班主任会提出一些要求，遇到这类情况时就要调整汇报思路，一定不要照本宣科，要选准重中之重，用最精练的语言，汇报最重要的问题。

5. 实事求是

向班主任汇报工作，必须本着认真负责的态度和实事求是的精神，一定要把汇报工作建立在事实清楚的基础之上，决不能凭主观想象随意编造，更不能弄虚作假欺骗班主任。

6. 先说结果

汇报工作时最好能先讲结果，再说过程。特别是当工作失败时，先说工作失败，然后再说明失败的原因。

7. 主动汇报、及时汇报、多汇报

班主任都想及时知道班干部在干什么、干得如何。班主任为了避免给班干部造成不信任的感觉和不必要的心理压力，一般都不愿意直接问班干

部。这就要求班干部要主动向班主任汇报。汇报是班干部的义务，听不听是班主任的选择，不要担心班主任没时间听而不主动汇报。班干部必须主动、及时地向班主任汇报自己的工作。一定要让自己的工作透明，让班主任随时知晓自己在做什么，做得如何。

事务性工作

事务性工作是指需要自己做的琐碎的工作。班干部在平时有大量的琐碎性工作任务需要完成。

1. 维持秩序

维持正常的学习秩序、生活秩序和活动秩序。发现有违反秩序的行为时，主动加以制止等。

2. 为同学服务

关心同学，主动为同学排忧解难；听取同学的意见、呼声，向班主任或学校相关部门反映；帮助需要帮助的同学等。

3. 为教师服务

帮助老师收发作业；帮助老师取送教具等。

4. 榜样行为

在遵守纪律、维护环境卫生、爱护设施设备、爱护花草树木、节约水电、文明礼貌、助人为乐等方面做同学的榜样。

班干部如何讲究工作艺术

能够当上班干部，说明具备了当班干部的资格，但不能说明已经具备了当好班干部的本领。要想当好班干部必须具备当班干部的本领，具备当班干部的能力、素质，掌握当班干部的方式、方法和技巧。

班干部的领导艺术

领导是管理的灵魂，是最高层次的管理，是战略性的管理，是决策性的管理，是超前的管理，是宏观的管理。领导之责在于为组织设定合适的目标，并带领下属实现目标。领导之道在于决策、在于服务、在于用人。

从实际出发

正如有些杰出的领导者所言："领导者的工作是创造未来。"领导者是"组织蓝图的描绘者和成功道路的设计者"。但是，当领导者为组织设定目标时，这个目标必须是可能的和有望达到的目标。作为一个领导者光有美好的愿望是不够的，还必须结合实际，从实际出发，根据实际情况确定符合实际的奋斗目标。

作为班长，首先，要清楚本班目前的实际情况，本班有哪些优势，有什么不足；其次，根据本班的实际情况确定班级的奋斗目标；最后，是制定分步实现的分目标，如本班的奋斗目标可以确定为争当学校先进班集体。为了实现这个目标，可以结合本班的优势，争取在学校运动会上总分第一，并拿到精神文明奖；争取在歌咏比赛中获奖；争取在学习方面成为年级先进；争取在日常的各项评比中始终名列前茅；等等。如果这些分目标一一实现了，成为学校先进班集体的奋斗目标必然会实现。以下五点班干部需要注意：

1. 确定起跑线

没有起跑线就无从规划航程。虽然目标是朝向将来的，但目标确定是以现在为依据的。

2. 把目标清楚地表述出来

集中精力的最佳方法，是把工作目标清楚地表述出来。有一点很重要，目标必须是具体的，可以实现的。任何大目标都应该由一连串的小目标组成，大目标的实现都是几个小目标实现的结果。所以，制定工作目标时，必须分解成若干具体的小目标。

3. 目标应具有激励价值

太难和太容易的事不会激发人的行动热情。目标太低，不具有激励价值；如果目标高不可攀，则会挫伤积极性，反而起消极作用。

4. 积极行动

有目标但不行动，还是会一事无成，行动是化目标为现实的关键。目标写下来后，最重要的就是立即行动起来，向着目标的方向行动。

5. 适时庆祝

当一个小目标实现后，要适时庆祝一下，肯定已取得的成绩，同时为向下一个目标努力做准备。

作为一名班干部，必须养成一切从实际出发、实事求是的思想作风和工作作风，唯有如此，才能做好领导工作。

民主决策

不同的领导者有不同的领导作风，现实中有三种极端的领导作风：

第一，专制型领导作风。主观武断，独断专行，听不进别人的意见、建议，一切决定都是个人说了算。

第二，放任型领导作风。毫无主见，不敢决策，大事小事都不做主，一切事情都交给别人完成。

第三，民主型领导作风。鼓励别人发表意见，给别人说话的机会，善于听取不同意见，一切决策都是在广泛听取了群众意见的基础上确定，一切工作都是和群众一起来完成。

无数事实表明，民主型领导作风是最佳的领导作风。班干部要养成民主型领导作风。因此，班干部要做到：

1. 要相信同学

同学们都是班级的主人，都关心班集体建设，而且都愿意为班集体建设出谋划策。

2. 要依靠同学

同学们都愿意为班集体建设付出自己的智慧、时间和精力，在某方面都可以成为班集体建设的主力或骨干。

3. 要密切联系同学

与广大同学打成一片，一切为了同学，一切依靠同学。班干部要坚持民主型领导作风，吸收同学参与决策、参与管理。

抓大放小

班长应当抓大事，抓主要矛盾，而不要把精力都放在琐碎的小事上。何谓大事呢？

班长作为班级的领导者，其主要任务是贯彻执行学校及班主任的指示；制定班级奋斗目标；提高同学接受、执行班级目标的自觉性；激发同学实现班级目标的积极性；协调班内各种关系；妥善处理班内的各种矛盾或纠纷等。这些是大事。

班长作为班集体建设的策划者、组织者，应当注重班级文化建设。如确立班级精神、班级理念；建立、完善班级规章制度；加强良好班风、学风建设；形成自己的班级特色等。这些是大事。

班长作为班级领导班子的核心，应当团结全体班委成员，使班委会成为一个有战斗力的团队。在这支团队的带领下，实现班级目标。这是大事。

班长要善于抓大放小。也就是说，班长要把主要精力放在班集体建设的大事上，把那些琐碎的小事交给其他同学去做，而且不要过分干涉。试想，一个班长如果时时、事事、处处都事必躬亲，指手画脚，势必会打击其他同学的积极性。

大胆授权

但凡认为自己在智力、能力、品德上高于别人的人，都容易产生不信任别人的心理和行为。他们认为只有自己才真正关心集体，只有自己有本事，只有自己能承担班集体建设的重任，他们只会自己辛苦工作，注重小事，做事务求尽善尽美，绝不肯下放权力。

班长作为领导者，善于用人、敢于授权是必须掌握的领导艺术。

班级的重大事项应该坚持集体领导、民主决策，同时必须强调分工负责。班委会成员分别对自己分管的工作负责。班长不能横加干涉，更不能越俎代庖。

班长可以指导其他班干部工作，可以支持其他班干部工作，可以参与其他班干部工作，但绝不能干涉、接管其他班干部工作。

班长还应该善于发挥其他同学的积极性，把某项具体工作下放给有专长的同学，用其所长。

班长和班干部都要敢于授权、大胆授权。因此，要做到：

（1）要正确评估自己的能力，合理定位自己的位置。肯定自己的优点，承认自己的缺点，摆正心态。

（2）要培养团队精神，相信同学，善于分摊压力，做到该放手时就放手，能授权时就授权。

勇于担当

干工作，做事情，都希望取得成功。工作取得成绩，我好、你好、大家好，皆大欢喜。然而，干工作、做事情、搞活动难免会遇到困难，遭受挫折，也难免会出现失误，发生错误，甚至失败。

作为领导者，尤其是"一把手"，不能独揽成绩、荣誉，而推脱责任。聪明的领导者会在荣誉面前"退缩"，把功劳让给别人；勇于担当的领导者面对挫折、错误、失败会挺身而出，勇敢地承担责任，承认错误。

班长是班干部的楷模，也是全班同学的榜样，要勇于担当。因此，要做到：

（1）制定符合实际的长期目标和短期目标，不好高骛远、眼高手低。

（2）制订切实可行的计划和方案，尽量减少出现错误的可能。

（3）给予其他班干部自主权，对他们的工作不过多干涉。

（4）坚持原则性与灵活性的统一，工作过程中允许变通、善于变通。

（5）坦然面对失败，吸取失败教训，经受失败考验，主动承担责任。

班干部的管理艺术

管理是在特定的环境下，对组织或群体所拥有的资源进行有效的计划、组织、指挥、协调和控制，以达到既定的组织或群体目标的过程。管理应用于各种类型的组织和群体，目的是保证组织或群体目标的实现。管理的实质是追求效率和效益。

管理，是"管"和"理"的结合。"管"是表象，强调控制，突出理性；"理"是本质，强调理顺，突出情感。管理的本质是"理"，理顺关系，理顺人心。管理之道是以人为本。

班干部作为班级的管理者，要坚持以人为本的管理理念，在管理过程中发挥主观能动性，创造性地开展工作，在实践中不断提高自己的管理能力、管理水平。

人本管理

管理不能"以物为本"，而应该以人为本。管理者要做到眼中有人、心中有人，凡事皆以人为先、以人为重、以人为尊。

人本管理必须以人为出发点。在管理过程中，要尊重、维护人的尊严权、人格权、人身权、名誉权、隐私权等基本权利。在管理过程中，要尽量满足人的合理需要和正当利益，要关心人的切身利益。在管理过程中，要真正做到因人而异，尤其是对那些有问题行为的人，要亲切关怀，真诚相待，耐心帮助。

人本管理必须充分相信人。要相信人性是向善的，管理要以正面教育为主。要相信人具有巨大的潜能，管理要善于激发人的潜能。要相信人都有自我实现的倾向，管理可以通过创设公平、平等、挑战性的环境，使人成为富有同情心，有道德感，有创造性，有民主作风，乐于助人，有自信心，善于独立思考等品质的自我实现的人。

人本管理必须坚持人的主体性。人都有发表自己意见、建议的愿望，都希望拥有"说话"的机会，管理要善于创造适宜的环境和条件，充分发挥每个人的潜力，让每个人都参与管理工作。人不但能接受责任，而且会主动追求责任，管理应当为人提供施展才能的机会和取得绩效的条件。

在班级管理过程中，班干部和同学之间是相互影响、相互作用的，其至有时是相互转化的。班干部要相信同学、信任同学，应当树立每个人都是可以进步、每个人都愿意为集体出力的观念。班干部在管理过程中最好扮演促进者、帮助者、辅助者、合作者等角色，要充分发挥同学在管理中的主动性、积极性和创造性，做到互相学习、共同进步。

注重细节

人们常说小事成就大事，细节决定成功。对于日常工作、具体工作而言，其工作效率、工作效果取决于细节。

班干部在工作过程中一定要注重细节。如搞一次活动，准备工作要细致，内容安排要细，时间安排要细，场地安排要细，物质准备要细，人员分工要细等。如开头提到的写工作总结，内容全面固然很好，但是也必须注重形式，格式要正确，语句要通顺，措辞要恰当，文字及标点符号要准确等。

老师、同学在判断一个班干部的工作时，往往不是只看他是否加班加点，是否轰轰烈烈，更多的是要看他的工作是否混乱无序，是否漏洞百出，是否错误不断。人们常常会通过工作失误的次数、程度来判断其工作态度、工作能力。工作失误往往都是由于不重视细节造成的。

班干部一定要注重工作细节，如此才能取得良好的工作绩效。

分享成绩

一个集体，在某些方面、某些时刻都会取得成绩。一个人也会在某些方面取得优异成绩。

集体在某方面取得成绩、某项活动取得成功，都不是一个人的功劳，都是大家共同努力的结果。有些人总认为，我分管的工作，我组织的活动，取得成绩就是我的功劳。其实不然，试想如果没有其他人的支持、配合，哪项工作、哪项活动能取得成功？即便是自己组织的活动、分管的工作，班干部也不能把功劳都归功于自己，更不能争抢别人的功劳。

班干部在某方面取得了优异成绩，也不要沾沾自喜、骄傲自满，而应当保持平和的心态。个人取得成绩，看似是自己努力的结果，其实与周围的很多人都有关系。没有其他人的培养、帮助、支持和鼓励，一个人是很难取得成功的。

班干部在成绩面前要冷静，要懂得分享。

树立形象

班干部要想在同学面前有威信，就要加强学习，加强自身修养，让自己在学习、能力、品德等方面都比同学优秀；就要关心同学，信任同学，密切与同学的关系，拉近彼此之间的心理距离、感情距离。班干部必须具有能够吸引同学的人格魅力，成为同学心目中的榜样或偶像。因此，要做到：

1. 先做人，后做事

做人就是要品德高尚，就是要具有良好道德品质。如尊敬师长、友爱、善良等。安身立命靠人品。好人品是习得的，班干部要通过学习、体验、经历、实践等提升自己的品德、品质、品格、品位。

2. 加强修养

修养是待人处事的态度和行为习惯，是学识、涵养、礼仪、素质等的综合体现。有修养的人才有品位。

3. 保持积极心态

积极心态是指人在追求目标的过程中表现出来的进取向上的心理状态和行为倾向。班干部要用积极心态看事情，用积极心态对待同学，用积极心态对待工作。这样就会具有成功的欲望，就会积极要求进步，就会不断努力，就会创造性地开展工作。

4. 尊重他人

了解、满足他人的需求，感知、理解他人的情绪，尊重、接纳他人的意见、建议。

5. 严于律己

严格要求自己，自觉遵守纪律，言行一致，表里如一，诚实正直。班干部的人格魅力是感染同学、吸引同学、鼓舞同学的巨大力量。具有人格魅力的班干部在开展工作时，会得到更多同学的支持与配合，进而会促进工作的顺利进行并取得成功。

引导公关

不是只有班干部需要树立公共关系思想，班内的全体同学都应当具备公共关系意识；不是只有班干部开展公共关系工作，班内的全体同学都应当做公共关系工作。只有做到全员公关，才能取得最佳的公关效果。如何实现全员公关呢？

首先，全体同学必须做好本职工作。每一位学生都努力学习，都自觉遵守纪律，都积极参与本班和学校开展的各项活动，都注意个人形象等，做好这些就是做了公共关系工作。

其次，全体同学都应当主动宣传本班。每一位学生都应当利用各种机会宣传本班，尤其是在日常交往过程中，应当主动向交往对象介绍本班情况、本班的先进事迹。

最后，全体同学都应当支持并积极参与本班所开展的公共关系活动，每一位学生还应该为本班的公共关系工作出谋划策。

要实现以上三点，班干部必须加强公共关系的教育、引导，让班内全体同学都树立公共关系意识，都自觉开展公共关系工作。如此才能真正实现全员公关。

班干部的激励艺术

激励又称动机激发，是指持续激发人的动机，使其心理过程始终保持在兴奋的状态中。激励往往指调动人的积极性。

对于个人而言，学习效率、工作效率取决于积极性。积极性越高，学习、工作效率越高。

班干部要掌握科学的激励技术，充分调动、发挥同学的积极性。

行为强化技术

人的行为是如何发生的呢？有一种最简单的行为模式，即刺激反映模式："S-O-R"。

S：刺激。外人给予的刺激。

O：个体心理因素。包括需求、欲望、态度等。

R：行为反映。

美国心理学家斯金纳提出强化理论。强调可以通过外部控制调节人的行为。所谓强化，是指对某一行为给予肯定或否定，会在一定程度上决定该行为是否重复出现。

正强化，是对某一行为给予肯定性评价。如认可、赏识、称赞、表扬等。

负强化，是当某种不符合要求的行为改变后，减少或消除不愉快的情境，使改变后的行为再现或增加。如某学生改正了错误，撤销处罚的约定。

惩罚，是使用令人痛苦的手段，制止不符合要求的行为再现。

自然消退，是对某种行为不予理睬，表示对该行为的轻视或反对，该行为会自行取消。

班干部应掌握强化技术，及时对学生的行为给予合理刺激。当学生做了好事，取得了成绩，要及时进行正强化；当学生做了坏事，违反了纪律，要及时进行惩罚；当学生改正了错误，有了进步，要及时进行负强化；当学生有恶作剧、开玩笑、无理取闹等行为，如果不是很严重，可以采取不予理睬的方式，表示对该行为的轻视或反对，让该行为自然消退。

运用行为强化技术时，班干部尤其要注意：奖励和惩罚都要及时、恰当；要坚持以奖为主，奖惩结合。

需要满足技术

一般认为，人的一切行为都来源于人的需要，需要是导致行为的原动力。

需要是积极性源泉，是人进行活动的基本动力。人的各种活动，从饮食、学习劳动，到创造发明，都是在需要推动下进行的。需要激发人去行动，使人朝着一定的方向，追求一定的对象，以求得自身的满足。需要越强烈、越迫切，由它所引起的活动动机就越强烈。同时，人的需要也是在活动中不断产生和发展的。当人通过活动使原有的需要得到满足时，人和周围现实的关系就发生了变化，又会产生新的需要。这样，需要推动着人去从事某种活动，在活动中需要不断地得到满足又不断地产生新的需要，从而使人的活动不断地向前发展。

美国心理学家马斯洛根据需要的发展水平把人的需要分为五个层次。这五种需要按由下而上的层次排列是：生理需要、安全需要、社交需要、尊重需要和自我实现需要。要调动人的积极性就必须考虑到个体的需要。

就目前情况看，低层次的需要基本都能够获得满足，学生最欠缺的是高层次的需要普遍不能满足。班干部要创造条件，力争在本班内尽可能满足学生的社交需要、尊重需要、自我实现需要。

活动参与技术

美国学者麦恪雷戈认为，人是"自动人"。他认为：人从事工作，同娱乐和休息一样自然、快乐；人能够实行自我控制和自我指挥；人不但能接受责任，而且会主动追求责任；人最关心的是自我意识和自我实现需要得到满足；多数人都有相当高的创造力，一般情况下，人的潜能并没有充分发挥。

正因为如此，管理重点应该是创造适宜的环境和条件，让同学充分发挥自己的潜力和才能，充分发挥同学的主动性、积极性和创造性。管理制度应该是下放管理权限，让同学参与管理，保证同学有较大的自主性和自治性。应该采用内在的激励方式，即让同学在工作中获得知识，增长才干，发挥自己的聪明才智。

班干部在对同学进行激励时，要以内在激励为主要手段，如给同学更多的参与机会和自主权；如为同学提供适宜的环境、条件，发挥学生的才能；增加同学的责任感、荣誉感、成就感和挑战性，对取得成绩的同学给予肯定、奖励和重用等。

合理期待技术

美国心理学家罗森塔尔做过一项实验。他来到一所学校，先对学生进行智力测验，然后随便抄一份学生名单交给老师，并告诉老师这些学生"大有发展前途"。老师看了这份名单，发现其中不乏表现极差的学生，禁不住流露出困惑不解的神情。罗森塔尔解释说："我认为这些学生大有前途，指的是发展，而不是现状。"老师知道罗森塔尔是大名鼎鼎的心理学权威，自然对其经过"严格测试"所得出的结论深信不疑，言谈举止都透露出对这些"大有发展前途"学生的殷切期待、高度信任和热情鼓励。时隔8个月，罗森塔尔重返这所学校，对那些"大有发展前途"的学生再次进行测试，发现凡是列在名单上的学生都大有长进，一个个充满自信和活力，学习成绩都排到了前列，与老师沟通也都非常顺畅。这一实验揭示了一种现象，就是生命具有极大的潜力和可塑性，期待具有特殊的引导作用，能隐蔽地发射一种心理能量，让被期待者朝着期待的方向行进。

班干部的最大价值就在于善于运用期待技术激发同学的信心，调动同学的积极心态，发掘同学身上的潜力，促使同学行动起来，用自己的智慧和力量达成心愿，把一个个美好的可能性都变成现实。当然包括那些所谓的不可救药、顽固不化的同学。其实，他们更需要班干部给予合理期待。

公平技术

从一定意义上讲，人的积极性源自公平。个人只有获得公平对待，得到公平的报酬和认可，才会保持积极性。否则，将会影响人的积极性。

班干部要清楚地认识到，只有当学生感觉到自己在班集体中是被公平对待的，他们才会积极努力地去工作。为此，班干部要掌握公平技术，在本班内营造公平氛围。激励时应力求公平，做到程序公平、结果公平。加强心理引导，使同学树立正确的公平观，要让同学认识到绝对公平是不存在的，不要过分斤斤计较。当然，班级只有真正实现了公平，才能真正实现对同学的有效激励。

班干部做好自我评价

班干部的自我评价

班干部既是评价的客体，也是评价的主体。在班干部工作评价中，他们既是被评价者，同时也是评价者。对于班干部而言，掌握一些科学的自我评价方法和评价他人的方法是十分必要的。

对于班干部工作的评价，从不同的角度可以划分出不同的方法。按评价主体分为自我评价和组织评价（他人评价）；按评价是否定量分为主观评价和客观评价，也称定量评价或者定性评价；按评价的正规化程度分为正式评价和非正式评价；按评价的内容分为素质评价、工作过程评价和工作效果评价。由于篇幅所限，在此，仅从班干部的自我评价和组织评价的角度进行论述。

人贵有自知之明。自我评价是班干部对自身工作能力、工作过程和成绩的评价。通过一段时间的工作后，班干部为了认识自己的工作能力如何，同学对自己的评价怎么样等，应当进行自我评价总结，以利于更好地总结经验与教训，从而取得更大的进步。班干部的自我评价主要从以下四个方面进行：

从同学的角度评价自己

个人评价往往以他人对自己的评价为参照点。班干部生活在同学之中，同学对班干部的品行、工作成效、工作能力自然会产生各种各样的看法，并在他们与班干部交往的言行中表现出来。班干部可以根据同学们对自己的意见和态度评价自己，从多数同学对自己的能力水平和成绩的评价中判断自己的能力水平和工作成绩。应该清楚的是，人与人之间是相互影响的关系，班干部的态度会对他人的态度产生重要影响，从而影响他人对班干部意见的真实性。比如，班干部诚恳、虚心地要求他人对自己发表意见，进行评价，他们必然会把内心的真实想法告诉你，如果你不能虚心接受他们的意见，当他人稍微表达意见时，立刻表现出不高兴，或者有意打断对方的发言，甚至强词夺理地辩解，其结果将会导致他人不愿意再向你表达真实意见，你可能以后不会再听到逆耳的忠诚评价，而听到一些非真挚的敷衍话语，虽然顺耳一些，但是，这些虚假的评价对你的发展极为不利。正确的做法是虚心听取他人意见，牢记"忠言逆耳"的古训，尽量听取不同类型同学的意见，然后进行归纳，以便更清楚地认识自己，全面把握和塑造自己。

从老师的角度评价自己

老师在知识、经验等方面比学生具有明显的优势，尤其是学生政治辅导员、班主任等老师与班干部朝夕相处，他们对班干部的素质状况、工作能力水平一般都有较为清楚的认识，参考老师对自己的评价意见是正确评价自己的重要途径。通常情况下，在搞完一次活动的总结、学期结束的评语中，教师都会对班干部予以一定的评价，此时，班干部认真听取教师对自己的评价，对形成正确的自我评价是大有裨益的。

从职责要求角度评价自己

处于不同职位的班干部都有不同的职责要求。这一职责要求既是班干部工作的指南，也是进行自我评价的重要依据。在自我评价时，根据工作职责要求，以及在此工作岗位上成效的大小对自我进行评价，看自己是否胜任工作职责要求，知道工作成效大小，由此可以清楚把握自己的能力素质水平、工作中的不足和成功经验，从而达到充分认识自己。

从检测标准角度评估自己

自我评价有时可以通过客观的检测标准进行。比如，通过心理测验分数、考试成绩等具有客观标准的检测手段评价自己。对于自己的素质水平，尤其是心理素质水平，一般可以通过有关心理测验量表进行评价。一般来讲，可以使用卡特尔16PF问卷评价自己的个性，了解自己的个性特征；通过双SCL－90量表评价自己的情绪状态；用气质量表评价自己的气质类型；用创造能力测验量表了解自己的创造能力水平等。

班干部的组织评价

组织评价，顾名思义就是指由组织对班干部进行的评价。包括学校，代表组织的学校老师对班干部的评价，以及班干部所在班级学生对班干部工作的评价等。一般来说，在每学期工作结束，评选优秀班干部，或者组织完一项大型活动，有关方面都会对班干部的工作进行一次评价。与自我评价相比，组织评价是较为正式的评价，客观性较强。但是组织评价所需要的人力、物力较多，因而组织评价相隔的时间相对较长一些。

组织对班干部的评价通常采取座谈法、民意调查法、考试法、文献法、量化评价法等方法。

座谈法

座谈法是通过与熟悉班干部情况的人个别谈话或召开座谈会方式，考察了解班干部的一种方法。要开好座谈会，首先需要选择好座谈对象，为了准确全面地了解班干部的情况，应该考虑到熟悉班干部的各方面人员，一般以 5~7 人为宜。其次，要讲清座谈的目的意义，消除同学的疑虑，使大家能够畅所欲言。由于班干部生活在同学之中，同学之间互相十分了解，同时也具有一种特殊的关系。因此，讲清座谈的目的意义，打消同学思想上的顾虑十分重要。最后，注意座谈中要避免某位"权威人士"的发言左右其他人的发言，或者受座谈主持人意见的左右，要调动所有人发言的积极性，使所有人都能充分发表意见。为使座谈会有明确的主题，最好在开会前拟一个座谈内容提纲，避免天南海北地东拉西扯，最后不能解决问题。

座谈法这种方法比较直观，了解的情况比较生动形象，内容丰富，有利于对班干部作一个较为全面深入的了解。

民意调查法

民意调查法是调查了解公共舆论的一种方法。这种方法使用的关键是要编制一份科学的民意调查问卷表。问卷表的编制步骤如下：

第一，确定民意调查的目的。民意调查的目的主要是为什么要进行民意调查的问题。只有民意调查的目的清楚，民意调查才能顺利进行。如果民意调查目的不清，不知道为什么要搞民意调查，势必造成民意调查方向不明，测验内容不清的状况，其结果直接影响民意调查的质量效果。

第二，制定民意调查目标。民意调查目标是民意调查指标的集中体现。比如，目标是要对班干部作全面评价，那么就可以根据这一目标从"德、能、勤、绩"四个方面编制民意调查指标。

第三，编制民意调查表。民意调查质量的好坏在很大程度上取决于民意调查量表的质量。因此，设计高质量的民意调查量表十分重要。在设计民意量表时要注意的是，民意调查表的结构要合理科学。一般而言，一份民意调查表通常包括前言（调查目的、调查单位、回答要求方法等）、调查问题和答案，以及有关需要被调查者回答的资料。调查问卷的前言一定要说清楚调查的目的，以便被调查者密切配合，还要说明问卷的保密性等相关问题，以便被调查者认真填写，同时要说清楚如何填写。

民意调查法针对性强、效率高，获得的资料客观、量大，能得到大量的规范数据，有利于作各种定量分析，辅之以定性分析，可以使评价更加客观科学。在班干部评价中，使用民意调查法可以迅速了解学生对班干部的基本评价和态度，有利于从整体上更加科学快速地作出评价。在组织对班干部的评价时，民意调查是采用得比较多的一种方法。

还需要注意的是，民意调查表的发放和收回要避免被调查对象的参与，要采取集中发放统一收回的方法，以保证调查的可信度。

以下是一份民意调查表示例：

班干部工作情况调查表

同学，你好！

这是一份无记名调查问卷，其目的在于对班干部工作的有关方面进行评价了解。请根据你了解的实际情况如实评价。每题只选一个答案，并在相应的空格内打"○"。我们对你的回答绝对保密，请相信不会有任何人知道这份问卷是你填写的。谢谢你的合作。

×××学校学生会

被评价人×××

××年×月×日

考试法

考试法是采取口头询问、书面回答、实际操作以及某些心理测验的手段和方法，测定或鉴定班干部的知识、能力、水平以及品德状况的一种方法。

考试评价具有客观、合理、公平的特点，有利于发现和选拔人才。用客观性代替主观性，有利于提高班干部的自身素质，增强班干部考评工作的开放性、透明度与民主程度。

文献法

文献法是考评人员借助工作档案等材料考评班干部的方法。在评价班干部时，通过参照班干部的工作档案、工作日志、工作计划、工作总结等材料，掌握各种活动的原始记录和统计数字，从而得到评价班干部所需要的内容。

文献法是评价班干部的重要方法，可以对班干部进行比较综合、客观的评价。

量化评价法

量化评价法是评价者采取专门的评价技术对评价对象进行的价值判断。其主要特征是采取严格的评价程序，将评价目标划分为具体的评价指标，然后再赋予每一指标一定的权重，根据指标对被评价者逐项进行数量评价，最后统计出被评价者的分数。

这种方法的优点是科学可靠，结果具有可比性；缺点是评价过程比较繁琐，往往需要投入较多的人力、物力与财力。

正确对待评价

在评价工作中，班干部多数时间是处于接受他人或者组织评价的位置，因此，在评价过程中，以何种心态和什么方法对待他人或者组织的评价，才能有利于评价工作的顺利进行，从而使自己通过评价工作获得较大的收获，是每位班干部必须重视和认真对待的问题。

思想上认真对待评价

班干部工作评价是提高班干部素质和提高班干部工作质量的重要环节。科学有效地评价班干部工作，不仅有利于加强班干部对自己的了解，同时也是班干部们锻炼和推销自己的大好机会。

事实上，大量的优秀班干部都是通过评价得到他人公认而得到进一步锻炼与发展的机会。在评价中，班干部思想上是否认真对待，其效果明显不同。有的班干部平时做了大量工作，由于对上级的评价工作不重视，没有认真做好评价准备，结果，在评价时不能如实反映自己的工作成绩，而一些工作成绩较差的班干部却因对上级评价的重视，思想准备充分，并实事求是地做好各方面的评价准备，于是受到好评。尽管这似乎显得不够公正，但是，在目前状况下，这仍是难以有效解决的难题，唯一的办法就是班干部们必须思想上高度重视上级的评价工作，认真做好评价准备。

在思想上认真对待，需要克服对评价过于紧张害怕，或者对评价抱无所谓态度、消极应付的心理倾向。

做好接受评价的准备

对上级评价的准备工作主要从以下几方面进行：

1. 学习评价规则

评价工作的进行是根据评价指标体系等有关规定进行的。认真学习评价的指标体系和有关规章制度，可以使评价的准备工作做到有的放矢，少走弯路，充分保证评价的汇报材料准备的有效性。

2. 收集事实材料

上级组织的正式评价不是被评价者随便浮夸可以应付的，评价常常需要核对事实，因而必须认真准备事实材料，尽量做到让事实说话，增强材料的说服力。

3. 写好总结材料

总结是对已经做过的工作进行理性的思考，需要回答"过去做了些什么？如何做的？做得怎么样？"为写好总结，首要的是要有内容写，为此，必须有实际工作内容可写。在做了工作的基础上，要写好总结，在总结中，要防止感情用事，以免总结流于形式。总结的最终目的在于得出经验，吸取教训，找到做好工作的规律。因此，总结一定不要停留在罗列客观事实，必须从工作实践中归纳出规律性的结论。

细听评价意见

任何组织和他人对班干部工作评价的根本目的，皆在于通过评价提高班干部的工作能力与工作水平，促进班干部更好地开展工作。因此，作为班干部，在评价过程中一定要本着虚心学习的态度，认真听取评价人员对自己工作的指导和建议，尤其要注意听取对自己工作的批评意见，唯有这样，才能有利于自己以后在工作实践中加以改进，从而取得更好的效果。

在班干部工作评价中，时常发生的是，有的班干部不够虚心，盲目夸大自己的成绩，对于评价人员提出的意见，采取各种借口而不予接受，这样容易给评价人员留下不够虚心、不够踏实的印象，形成与评价人员的心理冲突，以致最后听不到评价者的建设性意见，不利于以后改进工作，同时还可能由于和评价人员关系的冲突，导致难以得到应有的评价等级。

正确对待评价结果

班干部工作的评价既是前一个过程的终点，又是下一过程的起点。应该说，评价始终伴随着班干部工作的全过程，因此要认真对待和处理班干部工作的评价结果，以便使之能发挥更大的效益。

当面临着肯定或不怎么肯定的评价结果时，采取何种对待态度和方式，是衡量一位班干部是否成熟的标志之一。成熟的班干部，当自己的工作在评价时得到充分肯定的时候，常常不是沉浸在成功的喜悦之中，忘乎所以，而是能够十分清醒地意识到自己当前应该做的是认真分析以往工作中还存在的问题，并努力寻求科学有效的方法加以解决；在评价过程中遇到困难挫折时，不消沉、不气馁，善于从失败中看到自己潜在的成功因素，认真分析和解决工作中存在的问题，善于给自己的下级班干部和有关同学鼓劲，让大家吸取此次经验教训，奋起直追，争取下次评价时能够取得更好的成绩。相反，有的班干部在评价前为了短期利益，十分重视评价工作，一旦评价工作结束，他们要么沉浸在成功的喜悦中，要么笼罩在失败的悲哀里，不能从评价的过程与结果中获取收益。这是每一位班干部必须十分注意的事情。

对待评价的错误做法

由于主观和客观因素的影响，班干部在被评价过程中常常表现出一些心理偏差，从而影响评价工作的有效进行。对于以下七种心理偏差，班干部在干部评价过程中，一定要尽量杜绝。

被审心理

被评价的班干部在接受他人评价之前，往往产生被动接受审查的心理，特别是面对一些自己不熟悉的领导考评时，更是如此。如果被评价的班干部不能正确对待评价，把评价看成对自己工作的审查，在整个评价工作过程中会处处被动，其结果材料准备不全，汇报时小心拘谨，不利于与评价者有效沟通，从而影响评价功能的有效发挥，不利于以后工作的改进和自己能力的提高。

疑虑心理

疑虑心理是自我评价结果与他人评价结果的差异以及由此带来的得失忧虑，从而影响自我评价的一种心理现象。在现代教育评价中，自我评价有着重要的地位，一般评价时都需要被评价者首先进行自我评价，由于被评价者处于对自己评价的特殊地位，同时又伴随着外界压力，于是，使得部分被评价班干部在实事求是评价自己还是作出有利于自己的评价之间产生疑虑：一方面，希望自己在评价中处于有利地位，但是又担心给自己的评价太高而在他人心目中留下不好影响；另一方面，想实事求是进行自我评价，又担心他人对自己评价较高，从而使自己处于不利地位，由此也产生自我评价的疑虑。

敏感心理

敏感心理是班干部在评价活动结束时对评价结果过度关心的一种心理现象。有敏感心理的班干部对评价结果的关注超出寻常，过分关注评价结果，总希望在评价结果上面与他人比高低、较输赢，而不是注意从评价中吸取经验教训，致使评价的功能不能得到正常有效发挥。班干部的敏感心理除表现在对评价结果的敏感外，还表现在对评价结果处理的敏感，异常关心由评价给自己和他人带来奖惩结果的差异；同时对评价过程中是否公正也异常关注，一旦自己处于不利地位，就怀疑评价过程有问题，以此减轻自己的心理压力。

惧怕心理

惧怕心理是指班干部在接受评价过程中所产生的惧怕、怯场等心理现象。惧怕心理产生的原因主要在于对评价的目的意义认识不足，对评价的结果看得过重，担心不利的评价影响自己入党或毕业分配或社会地位等。被评价的班干部的惧怕心理常常表现在惧怕评价人员现场调查走访，使自己的问题暴露，惧怕座谈汇报中会得罪领导，惧怕自己在接受评价时不能正常发挥等。由此而导致被评价的班干部对评价工作采取逃避的态度，尽量拒绝评价。

应付心理

应付心理是班干部对待评价工作不够信任、不够重视而敷衍了事的一种心理现象。其问题的产生主要在于对评价工作认识不足，心理上产生抵触情绪，因而对待评价工作消极不负责任。主要表现为材料准备不足，自我总结简单敷衍，对评价者所提问题和要求不认真对待；对评价者佯装欢迎，奉承讨好，实则应付了事，不以为然。在应付心理状态下，评价过程受阻，评价者不能取得真实的评价资料，难以作出有效的评价。

防卫心理

防卫心理是被评价的班干部在评价过程中为防止不利的评价结果而产生的防御性心理反应。趋利避害是人的正常心理反应，在评价过程中，班干部为了自己的名利而采取一定的防卫措施是比较常见的现象。防卫心理有正当防卫心理和不当防卫心理之别，前者主要是对不公正评价所产生的防卫心理与行为，通常表现为积极参与评价活动，自觉监督评价运行，认真分析评价质量，主动抵制错误评价；后者是指被评价的班干部在评价中故意对自身过失缺陷掩饰开脱的心理行为，表现为对他人的评价消极防守，借故回避，掩盖问题，文过饰非，甚至抓评价者的问题来掩盖自己的不足，使评价工作不能正常进行，以便自己"蒙混过关"。

文饰心理

文饰心理是被评价的班干部在接到评价结果反馈后，对揭示的缺点和问题，找出各种"理由"进行辩解，为自己开脱和辩护的一种心理现象。如把成绩不好归于其他班干部不听从安排，同学素质低，不积极支持自己的工作等，从而减轻自己的责任；有时也采取贬低他人成绩的办法，如将他人在评价中能取得好的成绩说成是具有各种客观条件，十分强调如果自己也具备这种条件，一定比对方做得更好。存有文饰心理的班干部不能正确对待自己的问题，使评价的功能难以正常发挥，这对班干部工作的推进十分不利。

班干部对待评价所表现出的以上心理偏差，其最主要的原因是对评价的目的、意义认识不足，不能正确处理评价与自己的关系。因此，除加强对评价目的、意义的学习了解外，提高自身素养，正确处理个人荣辱得失，以积极开放的心态接受评价，努力从评价中吸取经验教训，方能以更大的程度和更快的速度提高自己的工作能力和水平。

班干部要避免的误区

常见的十种角色误区

有些班干部在工作过程中，不会处理工作与学习的关系，不善于处理人与人之间的关系，自觉不自觉地陷入了角色误区。因此，班干部要成功地扮演好自身的角色，必须充分正确地认识班干部的角色，自觉地远离误区，做品学兼优的班干部。班干部的角色误区主要表现在以下十个方面：

不分学习工作主次

班干部具有学生和干部双重角色，但其首先应成为好学生，将主要精力投入肩负的主要任务上，圆满地完成学业，努力从多方面提高自己。其次才是当一个优秀的班干部，也就是说，在争当优秀学生的前提下当好班干部，做好自己担任的社会工作。但是，在现实中，有的班干部却不能正确认识和处理学习和工作的关系，不分主次，把学习放在次要位置，导致学习成绩下滑，甚至出现个别班干部因学习成绩不及格，导致出现留级或退学的情况。

造成这种现象的原因，一是由于认识错误。有的班干部错误认为，现在的中小学教育不再是应试教育，比较强调素质教育，因而应把主要精力放在培养提高自己的工作能力上，学习只求过得去就行了。殊不知，"只求过得去"的学习目标必然降低学习的积极性，学习动力大大减弱，学习缺乏动力必然产生学习成绩"过不去"的后果。二是行为错误。认识的错误必然导致行为的错误。有的班干部把业余兼职的干部工作当成专职任务，成天忙于班内工作，上课不专心，复习不认真。有的甚至以班内工作忙为借口而随便缺课或者不上自习，学习欠账日益增多，学习成绩越来越差。有的班干部为了考试过关，不惜冒风险，在考场上寻求"捷径"，违纪作弊，其结果是身败名裂。这虽然是极个别的现象，但却是极深刻的教训，值得引以为戒。

缺失干部角色

有些班干部在工作过程中被动、消极。他们从来不积极策划活动，总是听从别人安排；他们的工作从来不创新，总是因循守旧；他们从来不做具有挑战性的工作，总是拈轻怕重。从表面上看，他们并没有完全忘记自己是班干部，也没有忘记自己的职责。深入分析，是他们对待工作的态度有问题。正因为他们对待工作的态度不积极、不主动、不热情，所以在工作过程中才会消极、被动。

并不是每一位学生都有当班干部的机会，既然当了班干部，你就要抓住这个机会，积极而努力地工作，在工作过程中充分展示自己的才能，用自己的工作成效回报同学和老师的信任。

说当班干部是锻炼、提高、充实、完善自己的舞台，只是从一般意义上讲的，如果被动工作、消极工作，是达不到这种目的和效果的。因此，班干部要时刻提醒自己，一定要积极而努力地工作。

滥用"职权"

班干部的宗旨是尽心尽力地履行职责，全心全意地为同学服务，当好班主任的得力助手。但是，有的班干部缺乏宗旨意识，个人意识太强，把班干部岗位当作抬高身价的"梯子"。例如，有些人利用职权为小集团和个人谋取私利；有的班干部在主持检查评选工作中，不重条件，尽力为本人及比较亲近的同学争荣誉；有的班干部利用掌管集体经费的权力，滥用、挪用甚至贪污班里公款，图名好利，严重违背了班干部的宗旨。班干部如果步入这种误区，肯定得不到大家的拥护和欢迎；从长远看，很难树立科学的人生观、价值观、道德观，有的可能误入人生歧途，甚至导致犯罪。

不能一视同仁

班干部担负着执行校纪校规的任务，如上课考勤，寝室、会场、校园值勤等。班干部应秉公办事，对班内同学一视同仁。只有这样，才能服众，也才能维护纪律的尊严，搞好学校的管理工作。但有的班干部在执行纪律的过程中，却不能公正执纪，看人说话，对与自己关系亲近的同学的违纪行为采取宽容、包庇的态度；而对与自己关系疏远的同学的违纪行为坚持原则，严格执行纪律。这样，必然导致同学之间的矛盾和冲突，也影响自身的威信。

用纪律做交易，用自己手中的权力放纵好友的错误，获得他们的好感。这样做实质上不是真正关心和帮助好友，也不是真正的友谊，而是个人私欲的表现。班干部如果步入这一误区，必定给自己的工作设置障碍，导致人际矛盾和冲突加剧，规章制度无法正常执行，各项工作运转困难，自己的角色形象暗淡，角色威信下降，还会导致集体风气不正，士气低迷，怨气高涨。这一误区负面影响较大。因此，班干部一定要公正廉洁，一视同仁。

工作上下推诿

有的班干部不愿意承担责任，为了减轻自己的责任，他们常常采取上推下卸的办法，要么把责任推给班主任、老师、家长，要么把责任推给其他班干部甚至同学。

班干部在干工作、做事情、搞活动时难免会遇到困难，遭受挫折，也难免会出现失误，发生错误，甚至失败。有的班干部面对挫折、错误、失败就退缩，不敢承担责任，不敢承认错误，而是推卸责任，这是极其错误的。

导致这种现象的原因，一是缺乏工作责任感。不敢于负责任的干部就是缺乏责任心的干部，缺乏责任心难以担当重任，完成本职工作，也无法得到老师和同学的信任。二是规避困难和矛盾。工作过程充满着困难和矛盾，不能面对困难和矛盾就只有不工作。工作中的困难和矛盾无法避免，上推下卸是一种消极的态度。因此，正视困难和矛盾，积极研究克服与解决困难和矛盾的对策，才是班干部应采取的正确态度。

工作上虚报浮夸

班干部是社会工作的学习者和实践者。应培养求真务实的工作作风，只有真抓实干，才能学到真才实学。在现实中，有的班干部在工作中仿效官僚主义的做法，只动口，不动手，不干实事，而汇报工作时，光靠舌头的"功夫"虚报浮夸，以虚无的"政绩"欺骗组织。这种工作作风既害人又害己，历史的教训极其深刻。

导致这种现象的原因，一是由于懒惰。干实事总要付出艰辛的劳动，要牺牲很多休息时间。惰性占主导的班干部是只动口不动手的"小官僚"。班干部如果只当指挥员，不当战斗员，是无法获得真知与才能的。只有克服惰性，做到勤动脑、勤动嘴、勤动手、勤动腿，才能学会做社会工作的本领。二是由于虚荣心作怪。有的班干部工作没有成绩，但又怕挨批评，还希望得到肯定，于是只有依赖于虚报浮夸，骗取别人肯定的评价。三是思想作风不端正。有的班干部受了"不说假话办不成大事"这种坏思想意识的影响，不干实事，光说假话，虚报浮夸，欺上瞒下。如果不端正思想作风，总是虚报浮夸，违背客观规律，既做不了好事，更做不了好人。如果照这样发展下去，将为自己的人生发展设置许多障碍，将会给班级工作带来很大的损失。因此，班干部一定要远离这个误区，培养真抓实干、实事求是的思想作风。

缺乏必要的原则

班干部是学生的主心骨。班干部的言行对同学们的言行将产生直接的影响。有的班干部明知不对，由于怕得罪同学，也不敢坚持原则，不敢扶正压邪，而采取听而不闻、视而不见的态度。长此以往，这种班干部就会失去同学们的支持，甚至会遭到同学们的嘲笑和轻视。

缺乏团结性

团结是班干部做好工作的前提和保证。班干部的工作要获得较好的成效，必须团结一切可以团结的人，特别要团结和自己意见不同的同学同心协力，增强集体的凝聚力和向心力，营造良好的人际氛围。只有这样，班干部的工作才会得到大家的支持，才会把工作干得有声有色，富有成效。但是，有的班干部却不注意搞好班内团结，而是搞小团体、小帮派，使得人心涣散，工作无法正常开展，造成集体内部产生离心力，甚至歪风邪气盛行。这样的育人环境不利于学生的身心健康，不利于学生良好品德的形成和发展，也不利于学生潜心地学习钻研文化知识。所以，不讲团结，拉帮结派的这种角色误区是班干部的大忌。

缺乏合作精神

有些班干部喜欢"单打独斗""孤军奋战"。他们认为自己完全有能力、有水平单独完成工作任务，于是不讲合作、不讲配合。也许你是一个"天才"，凭着自己的努力，有可能获得一定的成功，但你如果懂得与别人合作，集思广益，则会获得更大的成功。任何一项工作都要注重合作，发挥集体的优势，唯有这样，才能提高工作效率。

合作是两个或两个以上的个人或群体，为实现共同目标在某项活动中联合协作的行为。合作之所以能够产生力量，是因为：

（1）合作可以激发活动动机。由于双方利益一致，成员在活动中感到安全，降低对失败的恐惧，增强成功的信心。

（2）合作过程易产生有效的信息沟通。由于成员考虑的都是"如何解决问题"，无心理障碍，可以坦诚地进行大量的、有效的信息交流。

（3）合作过程中能够得到肯定性的情绪体验。成员间相互信任、接受、支持和喜爱。

（4）在合作中经常得到奖励，行为上得到正面引导。凡是符合实现合作目标的行为都会得到奖励。

合作的前提是有一致的目标，活动结果不仅有利于自己而且有利于对方。合作的积极作用是可以调动成员的各自优势共同完成任务，在复杂的工作中是不可缺少的。合作不仅能提高工作效率，而且在促进个体社会化，提高自尊心，形成积极的工作态度，提高工作能力等方面都有促进作用。

无论你是班长还是班委，抑或是小组长，只要你是班干部，就必须注重合作，善于与其他人配合。既要配合别人的工作，也要争取别人配合自己的工作。只有班干部之间互相补台而不拆台，班级工作才会有声有色、朝气蓬勃。

不注重个人素质

班干部在政治思想、学习、生活诸方面的表现，对同学的影响都比较大。但是，有的班干部却不太注重自我修养，也不注意树立班干部的"榜样"作用。表现在不分时间、地点、场合与对象，而凭想象乱发议论，乱传小道消息，不负责任地乱说；上课迟到、早退、旷课；不爱整洁，不扫地，不遵守寝室纪律；言谈举止不文明，说脏话，乱扔乱倒；自私、狭隘、办事不公道；等等，这些不良行为必然会影响班干部的形象，在同学中将产生消极作用。班干部的不良行为在同学们中造成了负面的影响，无形中助长了歪风邪气的蔓延。这不利于良好的学风、班风和校风建设。因此，班干部应以角色规范严于律己，规范自己的言行，加强自身的道德修养，改正不拘小节的坏作风，时时处处以身作则，起好模范带头作用，展示自己良好的角色形象，做一个名副其实的班干部。

避免十种角色误区的方法

正确的角色定位是对班干部素质的基本要求，但一般学生走上班干部工作岗位时，并不一定完全具备这些素质，难免犯这样或那样的错误。要准确地定位需要一个学习、锻炼的过程，班干部应如何避免这十种角色误区，进而提高自己的素质呢？许多班干部的经验证明，以下是比较有效的方法：

要经常进行自我反省

自我反省就是指自己给自己找毛病，找问题，找错误，就是自我检查，自我改正错误和缺点。从古到今，自我反省是一种行之有效的自我修养方法。我国古人非常重视自我反省的作用。《论语》多处强调自我反省（内省）的重要性及其方法，《论语·颜渊》道："子曰：'内省不疚，夫何忧何惧？'"而《论语·学而》有"曾子曰：'吾日三省吾身：为人谋而不忠乎？与朋友交而不信乎？传不习乎？'"《论语·里仁》又有"子曰：'见贤思齐焉，见不贤而内省也。'"明代思想家王阳明通过内省总结以往内省、自讼、思过等修养方法，在《传习录》中提出"省察克治"的修养功夫。他说："省察克治之功则无时而可间，如去盗窃，须有个扫除廓清之意。无事时将好色好货好名等逐一追究搜寻出来，定要拔去病根，永不复起，方始为快。常如猫之逮鼠，一眼看着，一耳听着，才有一念萌动，即与克去，斩钉截铁，不可姑容，与他方便，不可窝藏，不可放他出路，方是真实功夫，方能扫除廓清。"这里，非常形象地描绘了内省过程中的思想斗争和非达目的不止的高尚境界。鲁迅先生曾经说过："我的确时时解剖别人，然而更多的是更无情地解剖我自己。"

众所周知，人的素质主要是依靠后天环境和教育影响而形成的，先天遗传只是为形成某种品质提供身体基础和心理基础，政治素质、道德素质、知识素质、能力素质、心理素质的形成皆是后天环境与教育影响的结果。环境和教育的影响通过自身的选择和吸收，不断培养和提高素质水平。在这内化过程中，自身起着关键的作用，是否主动接受影响，选择接受什么影响等将直接影响内化结果，其关键因素完全在于人们自身。所以，苏联著名教育家苏霍姆林斯基曾经非常深刻地指出，只有进行自我教育的教育才是真正的教育。

作为班干部，更必须学会自我反省，不仅反省自己的政治素质、道德素质等是否符合社会道德规范，自己的行为是否能够为他人所接受，而且还要时时反省自己的能力水平是否适应工作发展需要，自己的心理是否健康，自己的文化知识是否有所进步等。只有在自省的基础上，才能科学确立自己的努力方向和奋斗方式，从而为自己的更大进步打下坚实的基础。

保持积极的进取心

学习是进步的阶梯，也是提高自身素质的重要途径。随着社会的发展，学习对于人生所发挥的作用越来越大。当今社会是科技高度发展、知识极其丰富的社会，因此也是终身学习的社会。信息量的激增，彻底打破了过去人们企图通过十多年的学校学习便一劳永逸的美梦，要求人们必须掌握终身学习的方法，通过不断学习提高，保证自身各项素质能够始终适应社会发展的要求。据有关统计，科技情报文献资料的数量每十年翻一番，其中，尖端科技文献每二至三年翻一番，每年增加 1500 种，论文每十年翻一番，每年增加几十万篇，各种知识的更替令人目不暇接。学者拜因豪尔感慨道："今天，一个科学家即使夜以继日地工作，也只能阅读有关他这个专业的世界上全部出版物的 5%。"面对如此浩瀚的知识海洋，不加强学习，不注重终身学习，显然是不可能成就成功的人生。作为班干部，更是要注重学习，要拿出比其他同学更多的时间和精力来学习，来提高自我。在学习上要注重向书本学习，同时还要注意向群众学习，向榜样学习，全面提高自身素质。

下面是同学们总结的几种常用的学习方法：

1. 把书籍作为学习的主要方向

书籍是人类进步的阶梯，书本知识是人类文化的结晶。人没有精力也没有可能去发现各种知识，书本知识都是前人实践的成果，学习书本知识可以为人们一生节约大量的时间，以便更好地为社会做贡献。因而，作为中小学生，作为班干部，应该养成勤读书的良好习惯，同时还要善于读书。要不断总结学习的规律，创造出适合自己的学习方法。

2. 善于向他人学习

"三人行，必有我师焉。"也就是说，三个人一块儿行走，那么其中就有人可以当我的老师。这句话告诉大家，要努力向他人学习。作为班干部，每个同学都有不少智慧和经验值得学习。班干部要虚心向同学学习，善于和同学打成一片，吸收大家的经验和智慧，不断丰富和完善自己的素质。

3. 向榜样学习

榜样是指大家学习的行为典范。榜样生活在人们中间，他们以自身的模范行为在物质文明或者精神文明上取得了较大的成功。向榜样学习有利于我们各方面素质的综合提高。比如以革命领袖、英雄模范人物为学习榜样；以同龄人或者同类型人中的先进人物为榜样。班干部可以向优秀班干部学习，向学习成绩优异的优秀学生学习，向人穷志坚的特困优秀生学习，同时还要向在学生中涌现的全国先进人物学习，用他们的先进事迹来激励和鞭策自己，提高自身素质。当然，学习榜样必须付诸行动，停留在口头上的"学习"显然是不会收到应有的效果的。

积极参加实践活动

陆游说："纸上得来终觉浅，绝知此事要躬行。"实践出真知，实践长才干。班干部由于工作原因，要经常组织和参加各种活动，这些活动就是实践活动。班干部要积极参加工作实践，在实践中不断地加深对当好班干部的重要性的认识，在实践中不断地增知识、长才干，全面提高自身素质，使自己的工作得到学校老师的好评和班内同学的认可。

在实践中，班干部要注意以下三点：

1. "立足点"要正确

班干部要配合学校、老师，调动同学的积极性，建立和健全各项规章制度，加强学生的自我教育、自我管理、自我服务的作用，充分发挥人的潜能，发挥人的个性，所以班干部的工作要立足于紧紧围绕以刻苦学习、奋发成才为中心，开展形式多样且富有成效的教育活动，在全面提高同学们综合素质的同时锻炼自己。

2. 注意改进工作方法，提高工作能力

班干部要边干边学，勤于总结经验。"抓两头，带中间"，善于针对不同层次、不同类型、不同年龄同学的思想特点，了解和掌握基本规律，并应学会晓之以理、动之以情地开展工作。在探索中前进，在实践中提高。

3. 工作作风要端正

班干部要求真务实，密切联系同学，敢于同不良倾向作斗争，充分发挥班干部的桥梁纽带作用。同时，自觉地接受同学的监督和批评，自觉地开展批评和自我批评，不断提高自己的素质。

定期开展培训考核

为了提高班干部的素质，除了他们自身能够经常反省，善于学习和勤于实践外，更需要学校和班主任采取措施，加强培训和考核，以提高他们的水平。学校可以根据实际分别采取长期和短期培训、校内和校外学习的方式，鼓励他们边工作、边学习，在实践中提高；开展各种短训班，组织讲座或引导他们参加选修课等，以增长见识，开阔视野，提高能力。班主任可以对他们随时进行指导，提出改进意见。同时，要建立完善的班干部考核制度。班干部的素质，只有在实际工作中才能体现出来，通过对班干部"德、能、勤、绩"等方面的考核与分析，才能够客观地评价班干部的工作，表彰先进，能有效地促使班干部自我反省、自我教育和自我提高。

轻松当好班干部